言葉を歩く

漢字・日本語・固有名詞

Sakata Takuo
坂田卓雄

海鳥社

はじめに

人類の知恵は有史以来、数々のすばらしい遺産を後世に伝えてきた。中でも、文字の発明は何物にもまして大きな価値をもたらした。それまでは、人類が経験して学んだことのわずかな部分だけが、代々、口頭で受け継がれるにすぎなかった。文字の発明でそれを正確に残すことができるようになったのである。

人々が学び取ったことを、耳から聞かなくても目を通して知り、伝える人がそばにいなくても、誰でも広くそれ以前の知識の蓄積を利用することができる。これは人類の歴史にとって画期的なことであった。

われわれの先人は、構文も文法も違う中国語で使用されていた漢字を取り入れ、それをうまく消化して自分たちの言語体系に同化させ、日本語として利用するようになった。明治以降は西洋のあらゆる先進的な学問や思想を取り込むために、日本人自身が漢字で数多くの造語をし、それは現在、本家中国でも使われている。近代の日本は早くからアジアのリーダーとして発展を遂げ、今日見るように世界の先進国に仲間入りすることができた。

日本の発展にも寄与してきた漢字が、ここに来て、さまざまな問題を引き起こしている。

私がこの本で問題提起したいのは、固有名詞、その中でも特に人名と地名についてである。字体があまりにも複雑で難読の字が多い。

地名はどんな字であっても、地名辞典さえ引けば、まだ読むことができる。人名にはどんな辞書を引いても、どんなに知識があっても読めないものがある。こういう読みで間違いないと思っても、違うことがある。また、聞かないとどんな字を書くのか分からないものもかなりある。

言い換えれば、いくら多く漢字を覚えても、人名を常に正しく読み書きできるようにはならない。これは日本語を表記する上での大きな短所となっている。そもそも、言葉が先にあり文字はそれを表記し広く伝える利便のために考案されたものである。世界のほとんどの国が表音文字を使用している中で、われわれは漢字という表意文字を手にしている。漢字は便利さの反面、人名では読めないし書けないというものが次々に誕生している。

漢字は日本語にとっては必要不可欠のものである。ところが、近年、漢字に造詣が深い人たちの主張を取り入れて、次第に漢字制限を緩めたり撤廃する方向に進んでいる。そのために、全国民がニュースや情報に接したり毎日触れる漢字まで難しくなっている。現在、世界は狭くなり、情報量はとてつもなく多くなった。われわれはその中で、合理的に情報を選択し、記憶し、それを効果的に使っていかなければならない。

はじめに

私は大学卒業と同時にテレビ局に入社した。最初は、報道部で記者やデスクを務め、その後制作部に移り、ずっと番組制作に従事してきた。時間との勝負である放送や新聞の現場では、固有名詞には異常なまでの神経と労力を使っている。

このころから、漢字の読み書きにはとても関心を持ち、固有名詞をもっと分かりやすくするにはどうしたらいいのだろうかと、自分なりに考えるようになった。テレビ局退社後は大学の教壇に立った。この間、学生たちと接することにより、若い人の文字に対する考え方を直接聞くことができた。

これから、日本語の書き言葉としての固有名詞とアジアの言葉の実情を、私の体験やエピソードを織り込んで、具体的に話してみたい。固有名詞は当事者だけのものではなく、国民全体が共有しなければならないものである。最近の命名の乱れには怒りさえ覚える。私はもちろん、言語の専門家ではない。一介の市井人として、国際化の中での日本語の将来のため、もうこれ以上看過できないという思いでこの本を上梓した。終章で、自分なりに人名・地名の簡素化案をまとめてみた。世の中にはいろいろな考えの人がいる。たとえ考えの違う人であっても、ぜひ目を通してほしいと思う。この本が契機となり、広く固有名詞への関心が深まることを期待している。

なお、本文中の敬称は省かせてもらった。

言葉を歩く◉目次

終章　固有名詞はどこへ行く……143

付録　二〇〇九年現在、人名に使用できる漢字……159

言葉を歩く

漢字・日本語・固有名詞

第1章　日本の固有名詞

１　難しい地名

行動範囲の拡大

二〇〇九年九月、鳩山政権が発足して、群馬県の八ツ葉ダムが建設か中止かで揺れている。最初、テレビでこのニュースを聞いた時、アナウンサーは「やんば」と言っているのに画面では「八ツ葉」と出ていたので、てっきり、画面の字を間違えたなと思った。その後で、新聞を見たら「八ツ葉」に「やんば」とルビを振ってあったので、やっぱり、「やんば」でよかったのか、それにしても、「ツ」は片仮名なのに「ん」と読むのはどうしてだろう、おそらく、その地方で昔からそう呼び慣らしているのだろうと思った。この「八ツ葉」の字を最初見たら、誰でも「やつば」としか読まないだろう。

百年ほど前まで、人々はほとんど生まれた村に住んで、村外に出ることは少なく、生活上の行動範囲は狭かった。遠くの情報もさほど入ってこなかった。地名はその地域の人々が読むことができればよかった。少し難しい字があっても、自分の生活圏内であれば、読み書きにさほど苦労しなかった。

しかし、現代は交通・科学・文化などの発達に伴い、人間の行動範囲も以前とは比較にならないほど拡大した。初めての土地へ行くことも多くなった。さらに、マスメディアの急激な発達で、ニュースや情報として出てくる地名も増え、読めないことも多い。

私は旅行の計画を立てる時、読めない地名が出てくると、ＪＲその他の鉄道の駅名が平仮名か片仮名で書いてある地図を広げることにしている。また、車を運転していて読めない地名に出合った時、以前はどう読むのか困った。最近は道路標識の下にローマ字を添えて書いてあるのが多くなったので助かっている。

日本語を読むのにローマ字の助けを借りて読まなければならないという現実がある。ほとんどの人がこういう経験をしているのではなかろうか。

北海道の地名

仕事をやめた後、自由になったので、私は北海道東岸をゆっくり一人旅したことがある。現在住んでいる福岡と札幌の間は航空機にした。時間を気にしなくていいので、そのあとは鉄道とバスを乗り継いだり、レンタカーを利用した。

札幌から釧路までは鉄道を利用したら、窓から広がる大自然はすばらしかった。ところが、読めない駅名が次々と出てくる。そんな時は、駅名表示の下部にローマ字で書いてあるのを見て、なるほど、この地はこんな読み方をするのかと思った。

釧路のホテルで「急がない旅だったら」と「シーサイドライン観光案内」と書いたパンフレットをもらった。それには、地図ときれいな海岸の地名が書いてあった。

「来止臥、浦雲泊、冬窓床、初無敵、賤夫向、老者舞」

など十九の地名である。そのうち読めたのは二つだけだった。右の地名の読み方は上から順に「キトウシ、ポントマリ、ブイマ、ソンテキ、ヤキネップ、オシャマップ」と読む。

これでは判じ物どころではない。バスの切符を買うにしても、行き先の漢字が読めない場合、字を書いて分かってもらった。

バスに乗る時は、そのバスが目的地に行くかどうか、バス停に誰かいればその人に聞けるが、何しろ過疎地が多い。誰もいない場合は、わざわざバスの中へ入って運転手に地図を示し、「このバスはこの字の所へ行きますか」と聞いた。これが日本の地名だろうかと情けなかった。

もう三十年くらい前になるが、中国語が全然分からなかった時に、台湾を汽車とバスで北から南まで一人旅したことがある。その時は漢字を書いたり地図を見せたりすることで目的を果たした。同じことを日本国内でもしなければならないとは。

北海道のほとんどの地は、明治時代以降日本人の入植者が増えて、アイヌ語を漢字の音や訓で書き表している所が多い。他の地域から来た人は一つひとつ覚えていく以外にない。まるで万葉の時代に逆戻りしたようだ。こんな時、これらの地名を漢字で書いても意味はないのだから、仮名にしてくれたら、どれだけ読み書きが便利になるだろうと思う。

今回の旅行では根室半島の突端まで行った。そこには北方四島に一番近いということで知られている納沙布《のさっぷ》岬があった。この日、薄曇りではあったが、歯舞諸島の水晶島などがはっきり見えた。

北海道東岸の旅の最後に、世界遺産に登録されている知床を訪れた。知床半島を海から見るための観光船は斜里町の「ウトロ漁港」から出ている。その夜泊まったのは「ウトロ温泉」だった。道路標識にも「ウトロ」と出ている。ところが、一部の場所の看板に、漢字で「宇登呂」と書いてあった。

それにしても、他の北海道の地名がほとんど漢字であるのに、どうしてここだけは片仮名だろうか。さらに、一部の場所だけ漢字で書いてあるのはどうしてだろうか、それを知りたいと思って斜里町役場に聞いた。土地や戸籍の担当者でも分からず、結局、「調べてみます」ということになった。後で分かったことは、明治の初めごろまではアイヌ語ということで、片仮名で「ウトロ」と書いていたが、明治時代に政府から地名には片仮名はだめで、全部漢字にするようにという方針が出たので、「宇登呂」という漢字を充てることになった。それでも、片仮名がかなり残っていた。

一九八九（平成元）年、この地区で字名《あざめい》と地番の改正があり、国土地理院のほうで実情を調べた結果、「ウトロ」と片仮名にすることになった。その時、北海道の公報に片仮名で記載されたので、以来、片仮名のほうが正式になったということである。

世界遺産の中城城跡（沖縄県中頭郡，2006年）

沖縄の地名

難読の地名と言えば沖縄も同じ。明治時代以前は琉球王国として、独自の文化を持っていた。町村名では、

恩納村《おんなそん》　国頭村《くにがみそん》　玉城村《たまぐすくそん》　読谷村《よみたんそん》　今帰仁村《なきじんそん》　平凡平町《こちんだちょう》

金武町《きんちょう》　城辺町《ぐすくべちょう》

などがある。沖縄には「城」という字の地名が多い。沖縄の「城」は「ぐすく」と読み、本土の「城」のイメージとは少し違い、神のいる神聖な場所という意味である。著名なものには、世界遺産にも指定されている中城城跡《なかぐすくじょうあと》がある。「ぐすく」と呼ばれる遺跡は沖縄諸島や宮古・八重山諸島では三百に及ぶという。

沖縄県豊見城《とみぐすく》市にあり、高校野球でも有名な「豊見城高校」は、本土の人が読みやすいようにと読み方を「とみしろ高校」にした。世の中には「沖縄の難読地名の読み検定」なるものまで現れた。

名字にも「城」の字が付くのが多い。もとは「ぐすく」と呼んでいたが、明治以降、本土との間で盛んに交流するようになったので、「しろ」と読むのが普通になった。私の友人の「大城」も、昔は「おおぐすく」であったという。今は「おおしろ」と呼んでいる。

その他の地区の地名

地名の読みが難しい所は北海道や沖縄だけではない。全国に読みにくい地名はいっぱいある。私がテレビ局でニュース・デスクをしていた時のこと、ニュースの放送直後、地元の視聴者から電話があった。「今のニュースでアナウンサーが地名を間違って読みました」というのである。

聞いてみると、「三井郡高田町」を「みついぐん」と読まないで、「みいぐん」と読んだということだった。高田町は平成の大合併でなくなり、現在は「みやま市」となっているが、当時は三井郡であった。しかし、これは「みいぐん」と読む。

「みつい」と読むのは全国的にも旧三井財閥系の企業がよく知られており、付近には、かつて「炭坑節」で有名になった三井三池炭鉱があった。最近まで三井グリーンランドという遊園地は広く知られていたが、ここは二〇〇七年に「グリーンランド」と名称変更した。

電話をかけてきた視聴者は、県内の地名であるにもかかわらず、三井郡を「みついぐん」と読むと思い込んでいたようだ。私が「みいぐん」で間違いありませんと言っても、「みいぐん」は「さんずい偏にイノシシ」と書く別の字があるじゃないですかと言って、理解できない感じである。

福岡県には三潴郡というのがある。「潴」という字は「猪」の字に似ているが、「ちょ」と読み「い」とは読まない。三潴郡は「みずまぐん」と読む。電話の人はてっきり、三井郡の近くにある三潴郡と間違っているなと思ったのでその説明をしたが、本人はなお納得できないふうであった。

とにかく地名の読みは難しい。同じ県内に住んでいても郡名が読めない人がいる。私はこの時以来、日本の地名を誰でも読めるような名付けにできないものだろうかと、考えるようになった。

テレビは画面があるので、字が書いてあれば読みが分からなくても、「ごらんのとおり」と言えば、まだ何とか済ませられる。ラジオの場合は耳から聞くだけなので、もっと大変だ。読めなければ話にならない。

町・村・島・山の読み

このほか、一般の人が案外気付いていないのに、地名の下に付く「町」と「村」の読みの区別もある。地名が〇〇町、△△村とある場合、その町村によって「〇〇ちょう」なのか「〇〇まち」なのかを区別して読まなければならない。また、「△△そん」なのか「△△むら」なのかも区別しなければならない。

村は平成の大合併で少なくなった。二〇〇九年現在、全国で村の数は一九一になった。長野県など山間部の所には村が多く残っている。村が全くない県も十以上ある。今回、合併した自治体に限って「村」が存続している所を調べてみたら、全国で福岡県の東峰《とうほう》村と熊本県の南阿蘇村の二つしか見当たらない。この二村は両方とも「むら」と読む。しかし、大合併に加わらなかった「村」の読みは、「むら」とか「そん」とかさまざまである。東日本では普通「むら」と読む。西日本では「そん」と「むら」が入り混じっているが、「そん」が比較的多い。沖縄ではすべて「そん」と読む。

町についていては、私が住んでいる福岡県には大合併で、筑前町、上毛《こうげ》町など五つの町が誕生した。これらはみな「まち」と読む。一方、隣の佐賀県では、有田町、白石町、吉野ケ里町など四つの町ができた。ところが、ここでは四町とも「ちょう」と読まなければならない。そこまでして、町と村の読み方を区別する必要があるのだろうか。「まち」、「むら」に統一しても、何の支障もないはずである。

同様に、「○○島」の読みも「○○しま」なのか「○○とう」なのかを区別して読まなければならない。「しま」と「とう」が混乱しているところもある。例えば、宮本武蔵と佐々木小次郎の決闘で有名な山口県下関市の巌流島は、元は「船島」といったが、佐々木小次郎の号が「巌流」であることから、後では「巌流島」と呼ばれるようになった。前に私が行った時、地元では「がんりゅうとう」と呼んでいたが、「がんりゅうじま」が正しいという。

太平洋戦争の激戦地となった東京都に属する硫黄島は、戦争中、「いおうとう」と呼ばれるのを聞いていたが、最近では映画などの影響で「いおうじま」と言われることが多くなった。一体どちらが正しいのだろうと思って調べてみたら、そこに島の歴史が深く関係していることが分かった。

ここでは「しま」と「とう」の呼び名が何回も変わった。明治時代は「いおうじま」であったが、戦争中、陸軍は「いおうとう」と呼び、海軍は「いおうじま」と言った。戦後、アメリカの統治下にあったころは、アメリカ軍は「イオウジマ」と呼んだ。施政権が日本に返還された後も、二転三転し、小笠原村と海上保安庁で島の読みを統一しようということになった。結局、村の申請で二〇〇七年から「いおうとう」とすることになった。

また、「○○山」の場合も、読む時は「やま」か「さん」かの区別が必要である。例えば、浅間山は東京で多くの人が「あさまさん」と呼んでいるのを聞いたが、「あさまやま」が正しいという。その地区にある有名な浅間神社にいたっては、「せんげんじんじゃ」と読む。

もっとも、浅間神社は全国各地にあり、「せんげんじんじゃ」と「あさまじんじゃ」の両方の読みがある。

「日本」の読み

ところで、われわれは自国のことを「日本」と書いているが、この日本という国名の読み方は確定していない。「にほん」と「にっぽん」が混在しており、「にっぽん」のほうが古い。世界で自国の呼び方が決まっていない国があるだろうか。毎日お世話になっているお札の「日本銀行券」の裏には「NIPPON　GINKO」と書いてある。東京の日本橋は「にほんばし」、大阪の日本橋は「にっぽんばし」と呼ぶ。

東京オリンピックの入場式では、日本は「NIPPON」と書いたプラカードを掲げて登場した。当時、戦後の復興も終わり、経済が発展して国力も充実してきたことから、この際、これまでの「JAPAN」でなく、「日本」という国名を世界に知ってもらおうということで「NIPPON」となった。ところが、オリンピックでの「NIPPON」はそれ一回きり、あとは「JAPAN」に戻った。外国人には「NIPPON」はまだ認知されていないから、という理由だった。国産の打ち上げロケットには、今でも「NIPPON」と書かれている。

よく使われる会社名で、「にっぽん」と読むところは、日本航空（普通は「にほん航空」と呼ばれるが、登記簿上は「にっぽん航空」）
全日本空輸　新日本製鐵　日本水産

などがある。「にほん」と読むところは、

日本生命保険　東日本旅客鉄道（ＪＲ東日本）　日本テレビ放送網　日本郵船

などがある。

もともと日本は、奈良県の「やまと」の地に建国したので「やまと」と呼ばれ、中国では日本のことを「倭」と呼んだ。漢民族は自らを「世界の中心に位置する文化国家である」という中華思想を持っていた。周りの民族を卑しめて、東方は東夷《とうい》、西方は西戎《せいじゅう》、南方は南蛮《なんばん》、北方は北狄《ほくてき》と呼んだ。この思想から、日本を「みにくい」という意味の「倭」と呼んだのである。そのうち日本では「倭」の字を避け「倭」の音に通じる「和」と書いていたが、後では「大和《やまと》」になったという。六〇七年、小野妹子が第一回遣隋使として派遣された時、隋の煬帝《ようだい》に国書を携えた。その書きだしは「日出づる処の天子、書を日没する処の天子に致す。恙《つつが》無きや」とあったので、煬帝は無礼だと言って怒ったという有名な話がある。このあたりでも、日本は東方の国で「日ノ本」という感覚があったようだ。

奈良時代は「日本」や「大和」と書いて、「ひのもと」とか「やまと」と読んだらしい。当時、日本は中国文化にあこがれ、漢字崇拝からそのうち「日本」と書くのが固定したという。その中国語読みで「にっぽん」になり「にほん」とも読むようになった。

二〇〇八年五月、日本国語研究所などは「日本」が日本人自身にどう発音されているかを、一四〇〇〇人余りに聞いた。その調査結果は「にっぽん」より「にほん」が圧倒的に多く、「にほん」は九六%を占めたという。その上、外国からは「JAPAN」とか「JAPON」とか呼ばれても平気である。不思議な国だ。今や日本は横文字崇拝国になった。そのうち、国名をまさか「日本」でなく「ジャパン」に変えようなどと言い出す人が出てくるのではあるまいか。

古い地名をたどれば、奈良時代に元明《げんめい》天皇が国名をすべて二字にせよという命令を出した。中国の地名が二字だから、当時の文化先進国の中国風にしたかったのだ。一字の地名には余分な字を一字付けたり、逆に多いところでは二字になるよう省いたりした。これで「泉」が「和泉」となったり、「播り磨」が「播磨」となったりして、ますます読みにくくなった。

地区唯一の文字

総務省管轄の「住民基本台帳ネットワーク統一文字」には約二万字ある。国立国語研究所で調べたところ、辞書に出ていなくて読みが分からない字が一五〇あったという。同研究所では二〇〇五年八月、インターネットを使って、このうち十字について知っている人がいないかと呼び掛けた。これは次の十字である。

　枩　圥　丣　𡰪　𦢌　栈　枒　衦　帟　蓑

この結果、「栈」は「材」の異体字であり、「𦢌」は宮城県多賀市の「荒𦢌神社」だけに使われており、脛と巾が縦に重なり変化して一字になったとみられるという。

特定の地域の地名だけに使われる文字があれば、これなど一般の人は一度も目にしたことのない字なので、最初は当然、何と読むか分からない。

　泻《かた》　樻《ぶな》　萢《やち、やつ》　垰《たお、たわ》　安《あけび》　杁《いり》　椥《なぎ》　迣《しめ》　鹿《か》　樺《でいご》

福井市「山𣵀《どんと》」、秋田県大仙市「䏘ケ沢《ぢぢがさわ》」などもそうである。

漢字を書き分ける地名

ただ読めないというだけでなく、同じ地区の同じ読みの固有名詞を書き分けないといけないのは厄介である。福岡県でも、福岡市郊外の太宰府《だざいふ》は平安時代、菅原道真が流された所としてよく知られている。「太宰府市」の「だ」は、「太い」の「太」と書く、しかし、太宰府市にある史跡は「大宰府政庁跡」と「大きい」の「大」と書く。

六世紀ごろの律令制下に置かれた政庁は「大宰府」だったからだという。ところで、初参りで有名な古い歴史を持つ神社は「太宰府天満宮」だ。これなど、地元の人でも書き分けのできている人は少ない。それでも「太宰府史跡」と書けば間違いなのだ。

ほかにも、「大刀《たち》洗町《あらいまち》」は「大刀」と書くが、甘木鉄道では「太刀洗駅」と「太刀」と書き、大分自動車道には「大刀洗パーキングエリア」がある。この町に、大正時代から旧日本軍の中国への基地となった「大刀洗飛行場」があった。太平洋戦争中は陸軍の特攻基地にもなっていた。現在はその後に町営の「大刀洗平和記念館」がある。

「太刀洗」の名は南北朝時代、肥後の武将・菊池武光が合戦の後、近くの流れで太刀を洗ったことに由来するといい、その川は今でも「太刀洗川」という。地名も当時から「太刀洗」と書いたが、一八八〇（明治十三）年、町村制発足の際、村が「太刀洗村」と申請したのを、官報に間違って「大刀洗村」と掲載された。それ以来、「大刀洗」と「太刀洗」の二種類の表記が混在しているのである。

また、福岡県の北方の海を「玄界灘」といい「界」の字を使う。韓国では「玄海灘」と「海」の字を使っている。福岡県側の海岸は「玄海国定公園」で、その沖に「玄界島」がある。二〇〇六（平成十八）年に起こった福岡大地震の震源地として知られる。国定公園の海岸に位置して、かつては「玄海町」があった。今は宗像市に併合された。

このような所は全国至る所に存在する。福岡県の隣の大分県には「ゆふいん」と読む字で

「由布院」と「湯布院」の二種類の書き方がある。昔は「由布院」という字が使われていて「湯布院」はなかった。一九五五（昭和三十）年に「由布院町」と「湯平村《ゆのひら》」が合併して「湯布院町」となった。今でも、それ以前からあった地名などは「由布院」と書く。「由布院盆地」、「ＪＲ由布院駅」、温泉も「由布院温泉」だが、最近は「湯」の字を使ったほうが温泉らしいとして、わざと「湯布院温泉」と書くことも多い。「湯布院」と書くのは比較的新しく名付けた所である。「大分自動車道湯布院インターチェンジ」、「湯布院観光協会」などがある。さらに紛らわしくしているのは、「湯布院町」は二〇〇五（平成十七）年、合併して「由布市」となり、「由布市湯布院町」となった。これには地元の人も混乱して使っているという。

このように、同音の地名なのに字を書き分ける所は、福岡県や大分県だけではなく全国にある。

平成の大合併

二〇〇六（平成十八）年三月末で市町村合併特例法が期限切れとなった。合併すればさまざまな優遇措置があったため、それまでに合併しようと、いわゆる「平成の大合併」が起こった。市町村数は、一九九九（平成十一）年三月末の三二三二から、二〇〇六年三月末には一八二一へと五六％にまで減った。

ここで不思議な現象が起こった。平仮名の市町村数が、「さくら市」、「たつの市」、「さいたま市」、「さぬき市」など四十五に増えたことだ。一九九九年以前の平仮名は十一市町村だったから、一気に三十四増えたことになる。その後の合併でもまた、仮名が増えている。ほとんどが平仮名だが、片仮名も「南アルプス市」（山梨県）が誕生した。

全国初の片仮名の市町村としては、一九五五（昭和三十）年、滋賀県の四町が合併して「マキノ町」となったのがあるが、平成の大合併で他の五町村と合併して「高島市」となり、自治体名からは消えた。ほかには、一九六四（昭和三十九）年、町名変更した「ニセコ町」（北海道）がある。

地名には日本の伝統文化に根差すものが多く、これまでは、平仮名では地域の由来がたどれなくなるということで、漢字にこだわってきた。たとえその地名が日本古来の大和言葉であっても、漢字名が当然とされた。それがどんな理由で、近年、仮名の市町村が増えているのであろうか。仮名に変えた所は次のように言っているという（「朝日新聞」二〇〇五年二月五日付）。

「清新さがある」（香川県東かがわ市）
「やわらかく温かい感じ」（福井県あわら市）
「読み方が難しいから」（長崎県東そのぎ市）
「対等合併なので以前とは別のものが望ましい」（和歌山県みなべ町）

「新しいイメージを出す」（福岡県うきは市）

時代はどんどん変わって、従来、地名は漢字でなければならないという考えにも、変化が起こってきたようである。

しかし、世の中には「全国難読町村サミット」というのまである。一九九九（平成十一）年からこれまで四回開かれている。どう読むか分からないような漢字の町村が集まって、読みにくさを逆に全国にアピールして、地域起こしをしようという。当初は三十七町村が参加、九州からは次の七町だった。

福岡県　頴田町《かいたまち》　三潴町《みづままち》
長崎県　東彼杵町《ひがしそのぎちょう》　千々石町《ちぢわちょう》
大分県　日出町《ひじまち》　安心院町《あじむまち》
鹿児島県　頴娃町《えいちょう》

常識を逆手に取った涙ぐましいアイデアだとは思うが、地域起こしはサミットの日だけのものではない。遠い先のことも考えて、読みやすい漢字や仮名に変えることはできないものだろうか。この参加町村の中にも、現在は合併で無くなった所も多く、その後、この町村サミットのことは聞かない。

横浜市は二〇〇九年に開港一五〇周年を迎えた。記念行事の中で使うロゴの字は「横浜」でなく「横濱」だった。その理由は「難しい字のほうが歴史の重みを感じ格好いい」ということである。平成の大合併で平仮名の地名が増えている時代だというのに、若い人にも広く横浜を知ってもらおうという行事で、わざわざ、若い人には読めないような難しい旧字体を使うこともなかろうと思うのだが。

2　難しい名字

名字の読み

「小鳥遊」という名字がある。これは何と読むかと思えば「たかなし」だという。全国に数軒あるらしい。もとは「高梨」と書いた。これだったら誰でも読める。ところが、明治時代にご先祖が「付近にタカがいないから小鳥が遊べる」として、字を小鳥遊に変えたという。

ほかの名字でも「鴨脚」は「いちょう」と読む。「イチョウはカモの足と形が似ているから」と。「栗花落」は「つゆり」。これは「梅雨入りのころクリの花が落ちる」からという。

全国の難しい読みの名字を一覧表にして掲載している本から、常用漢字表にあるものの一部を抜粋させてもらった（『あて字のおもしろ雑学』一〇〇～一七ページ）。

四十物《あいもの》　的《いくは》　一口《いもあらい》　小半《こながら》　十八女《さかり》　隠《なばり》　二十九日《ひずめ》　薬袋《みない》　乗《よつのや》　上神《にわ》　下石《おんいし》　甘枝《はたち》　生明《あざみ》

そのほかに、次のようなものもある。

西風館《ならいだて》　四十八願《よいなら》　王生《いくるみ》　貴家《さすが》

クイズのように見て楽しむのであればいいが、これらの名字を聞いて読み書きできる人はまずいない。おそらく、その人の知人に限られよう。

先日、テレビ放送で博物・生物・民俗学者として〝歩く百科事典〟と呼ばれていた南方熊楠《くまぐす》の「南方」を、最初「みなみかた」と読んで、後で「みなかた」でしたと訂正を入れていた。

普段使わない字を使って読みの難しい名字もいろいろある。

例えば、

畚野《ふごの》　圷《あくつ》　頴娃《えい》

日本人の名字にはとにかく読みにくいのが多い。

同字異音と同音異字

名字には、同じ字を書くのに複数の読みをするものがあり、仮にこれを「同字異音」と呼べば、この名字も本人に確かめるか仮名が振っていなければ分からない。

例えば、「土井」には「どい」と「つちい」の読みがある。詩人で詩集『天地有情』を著したり『荒城の月』の作詞者としても知られる土井晩翠は、一般には「どいばんすい」と呼ばれているが、本当は「つちいばんすい」だと聞いた。

そのほか、「新井」に「あらい」と「にいい」、「江頭」に「えがしら」と「えとう」、「河野」に「かわの」と「こうの」、「蒲池」に「かもち」と「かまち」など、いろいろとある。

同じ読みなのに字が異なる同音異字もある。

例えば、「いとう」と読むものに「伊藤」と「伊東」、「おおた」に「太田」と「大田」、「ながい」に「長井」と「永井」など。これらの名字は読めても、耳から聞いた時、当人を知らない人はどの字か判断できない。私の名字は「坂田」であるが、品物を買った時など名前を聞かれて「サカタ」と言うと、相手は字を聞かないで「阪田」と書いていることがよくある。世の中には「阪田」より「坂田」のほうが多いと思うが、大阪の「阪」というのがあるからだろうか。「大阪」は一八六八（明治元）年に、「大坂」から「大阪」へと表記が変わっている。

名字の旧字体と異体字

さらに名字を複雑にしているのは、旧字体と新字体の両方が使用されていることにもある。以前は新字体で書いていた人まで、最近は、「おれの家はもともと旧字体だった」と言って難しい旧字体を使うようになった人も多い。

例えば、「斉藤」でなく「齊藤」であるとか、「沢田」でなく「澤田」など。旧字体のほうが格好いいとでも思うのだろうか。

旧字体を使う人がどんどん増えたら、書くのも覚えるのも大変。これでは、戦後、常用漢字のために新字体を作ったのが意味をなさないだけでなく、二重の負担になる。

名付けの字は常用漢字と人名用漢字に限定されているが、名字の字体には法律上の制限はない。このため、先祖代代使用しているとして、異体字を使う人も多い。旧字体と新字体という分け方とは別に、正字体と異体字という分け方もある。現在は、常用漢字で使用する新字体が正字体となっているので、それ以外の字体はすべて異体字になる。従って、厳密に言えば旧字体は異体字に含まれる。だが、旧字体以外の俗字など、普段あまり使わない字形を異体字と呼ぶことが多い。

かつて、人々は文字を手で書いた。活字がまだ一般的でない時代、他人の手書きの文字を見て字を覚えてきた。横棒や縦棒が一本多かったり少なかったり、点があったりなかったりして、現在の活字とは違う字形を、これが正しい字形だと思って覚えてきた人もいる。また、たとえ正確に知っていたとしても、手書きでは一点一角を正確に書いていくとは限らない。

字体には大きく分けて、草書体、行書体、楷書体があるように、その人によって書き方が違っている。今でも、手紙など手書きをする場合、ほとんどの人は活字のように一点一角を正確には書かない。漢字はこのようにして受け継がれてきた。また、戸籍も昔は筆で書いていた。戸籍係が正しい字を書いても、墨がかすれるなどの理由で、やはり、線や点の違いが出たりする。

名字は何世代も引き継いで使用される間に、その文字が普遍的な字になる。こうして異体字が生まれた。もとの字は同じなので、意味に違いはない。活字時代の現在では異体字が生まれることはない。異体字の名字には、例えば次のようなものがある。

「富田」の富がワ冠の「冨田」、「塚本」の塚に点が一つ多い「塚本」、「吉田」の吉が士でなく土の「吉田」、「西崎」でなく「西崎」。

先に、ある生命保険会社から自宅へ「ご契約内容のお知らせとおことわり」という文書が送られてきた。それには「ご契約者様のお名前が一部、旧字体で表示できない漢字は、新字体で記載されている場合もございますので、ご了承ください」とある。例として二十六字が書かれていた。それには一部旧字体もあったが、ほとんどが異体字であった。

パソコンがどんどん漢字を増やしていっても、表示できない字がまだまだたくさんある。保険会社など多くの人に便りを出したりする所では、旧字体や異体字があると苦労するだろうなと思う。渡辺の「辺」の異体字だけを雑誌の記事から集めてみたら、全部で六十五になった（長谷川惇史「外字フォント製品開発と異体字」――『しにか』二〇〇一年六月号、六九ページ）。

「人名外字1500」の「辺」の異体字

法務省の「戸籍統一文字」には約五万五千字あるが、それに含まれる「辺」の異体字は全部で十八種類しかない。これだけの字があっても足りなければ、字はいくらあればいいのだろうか。これらのデータベース作成担当者自身が「これだけの字体があるのでは、もはや誰も字を使いこなせない段階に来ている」と嘆いていたという。

近年、戸籍が活字化されたが、活字で打ち出された自分の名字を見て、「この字は自分の家の名字とは違う。従来の文字は先祖から使っているもので、わが家のアイデンティティだから、現在の文字を変えてはならない」と言う人が多いという。そういう要望に応えて、一九九〇（平成二）年に、法務省民事局長通達として、舘（館）、嵜（崎）、栁（柳）など十五字を名字または名に用いることのできる俗字としてあげた。

中国では固有名詞の異体字をどんどん整理していると聞く。日本では整理どころか「表現の自由」とでも言うかのように、個人の主張をそのまま聞き入れて常用漢字を増やし、ますます分かりづらくなっている。個人の文字へのこだわりも分かるが、表現の伝達手段としての漢字を、みんなが考え直す必要があろう。

いくら先祖から使っているといっても、同じ意味を持つ異なる字体に、そんなにこだわる必要があるだろうか。これは、むしろ誰でも使える新字体で書き表すようにしたほうが、お互いにどれだけ便利になるか分からない。読み書きのスピードも能率もうんと増す。そのためにこそ正書法がある。

帰化人

近年、また読みにくい名字が増えている。かつては、外国人が日本に帰化する場合、日本風の名前にするのが普通だった。ところが、外国では帰化してもそのまま元の名字にできるのに、日本だけはどうして日本式の名字を強制するのかという反発が起こってきた。二〇〇〇(平成十二)年ごろから政府も方針を変えて、帰化する際もあえて日本風の名字にする必要はなくなった。このため、中国、韓国など漢字系の人の一字だけの名字も出てくるようになった。

法務省の担当部署に、いつから日本式の名字でなくてもいいように法規が変わったかを正確に聞こうと思って電話したら、応対した人は「自分はまだ勤務して新しいので、調べてみますから少し時間をください」ということだった。後ほど電話があったが、不思議な答えが返ってきた。「少なくとも戦後は、名字に使う字は、名付けに使える字の範囲であれば、自由に使っていいことになっています。漢字・平仮名・片仮名は使えますが、ローマ字は使えません」ということである。それでは、戦後も、帰化する人が元の字を使えるようにしてくれと要望していたのは、一体どういうことになるのか。法規では問題がないのに、実際には強制されていたということだろうか。

外国人の男子と日本人の女子が結婚する時、外国人が日本人の妻の名字にする場合や、漢字圏の人が帰化前の名字にするのであれば、大して難しい字にはならない。ところが、非漢字圏の人だと、本国で使っていた名字を漢字の音で書き表す人が増えてきた。特に、サッカー選手に多い。

古くはスペインから帰化した選手で、

- ラモス瑠偉（旧名ルイ・ゴンザレス・ラモス・ソブリニョ）

その後はブラジルから帰化する選手が多くなり、

- 三渡洲アデミール（旧名アデミール・サントス）
- 三都主アレサンドロ（旧名アレサンドロ・ドス・サントス）

日系人の父親とイタリア系ブラジル人の母親を持つ、

- 田中マルクス闘莉王（旧名マルクス・トゥーリオ・ユウジ・ムルザニ・タナカ）など。

片仮名にしてもよさそうだが、こんな漢字の名前にしたのでは、帰化人のために読み書きのしにくい名前が多くなるばかりである。

力士と競走馬の命名

普通の人の名付けとはちょっと違うが、気になる難しい名前に大相撲の四股名《しこな》がある。名付け親は師匠や後援者だという。国技であるから、権威があり強いイメージの名とか、その部屋が受け継いでいる名を付けたいという気持ちは分かるが、常識では読めない字や難しい字画のものがある。

番付の上位の力士はマスメディアで繰り返し耳にするので覚えられるが、十両や幕下だと字を見ただけでは読めない力士も少なくない。その上、毎回顔ぶれが変わっている。最近ではモンゴルそのほかの外国からの力士も多くなり、その力士たちの四股名が読みにくい。日馬富士《はるまふじ》、把瑠都《ばると》は、最初、何と読むか分からなかったし、簡単には書けない。把瑠都は出身地がバルト三国と知って、なるほどと思った。

力士の四股名が読みにくいのとは対照的に、中央競馬の競走馬の名は、たとえ純日本的な名前であっても、すべて片仮名書きになっている。中央競馬会に聞いたら、名前には「九文字以内で片仮名書き」という決まりがあり、ほとんどはオーナーになった人が登録する時に付けるという。競馬は相撲のような国技でないからだろうか。それとも、外国種の血統の馬が多いからだろうか。いずれにしても、仮名のほうが読み間違いのないことには違いない。

名字の数

日本の名字の数は約十万といわれる。しかし、名字の数え方にはいろいろある。前記のような「同じ字に複数の読み」と「同じ読みに複数の字」を別々に数えれば、およそ十四万といわれる。また、異体字などのすべてを入れると三十万にものぼるという。

同じ漢字圏でもほかの国は違う。韓国では二八五とされている。

中国では約三五〇〇種類といわれてきたが、最近の大学関係者の調査では、一文字の名字が五三一三、二文字が四三一一、三文字から九文字までが二三四五あり、全部では一万一九六九あるという。おそらく辺境の統治が進み少数民族の名字を加えた結果であろう。細かい数字まで出ているところを見ると、こちらが正確であろう。それでも、日本だけが際立って多い。中国漢族の名字は、慣習で主に漢字一文字である。韓国もその影響が強いため、漢字一文字だ。日本ではほとんど二文字になっている。奈良時代に地名を漢字二文字にするよう触れが出された。名字には地名に由来するものが一番多いため、名字のほうも二文字が多くなった。日本の名字の成り立ちをみると、多いほうから地名に続いて、地形、方位、職業という順になるという。

江戸時代までは、名字を許された家はそう多くはなかった。名字がない人は名前だけで呼ばれた。もっとも、生活圏がその地区内に限られ、ほとんどの人は顔見知りだったので、「〇〇さん」とか「△△どん」などと呼べば、名字がなくても困ることはなかった。公には名字が許されていなくても、内々に名字を持っていた人も結構多かった。

しかし、一八七五（明治八）年、すべての国民は名字を持つことを法律で義務付けられた。五万字以上ある漢字を使った十数万の名字を読みこなすなんて、絶対にできない。われわれ日本人は固有名詞のために、外国人と比べてどれだけ多くの労力を費やしていることだろう。

3　難しい人名

人名の読み

読み書きが難しいのは、何といっても人の名前である。知らない人の名を書く時は、どんな字か聞いてからでないと書けないし、読む時も一般的に読まれている読み方と違うのが結構多い。二〇〇九年三月二十日の新聞に、人名の訂正記事が載った。

> 政府は国会同意人事案で篠崎由紀子氏の名前を「由起子」と間違えた。衆院事務局関係者は「同意人事での誤字訂正は聞いたことがない」と話した。

というものである。

また、二〇〇七年の新聞で、俳優の大滝秀治の読みは「おおたきひでじ」でした、という訂正記事が出ているのを目にした。前に出た記事に「おおたきしゅうじ」と仮名を振っていたからである。普段「おおたきしゅうじ」と読んでいた私も、その時、本当は「ひでじ」だったのかと思った。

一般に訓読みで付けられた名前も、成人してからは音読みで読むようにする人も少なくない。特に戦前は、著名人の名は敬意を払って、音読みにするのが当然のような風潮さえあった。このような習慣は古くは平安時代からあったようだ。

戸籍には氏名の読みの記載はない。戸籍上はどのような文字を使っているかが問題である。それをどう読むかは戸籍の管轄ではない。逆に言えば、何と読ませても構わないということにもなる。一方、住民票は「読み」を記載するようになっているので、戸籍に入れた名前の漢字を使って、「読ませたい」ように「読み」を記載すればよい。親が付けた読みが気に入らなければ、住所移転の際、戸籍の漢字はそのまま変えられないが、住民票に付ける読みだけを自分の好きなように変えることだってできる。

それぞれの親は子どもの命名ではいろいろと考え、意味のある字や読みを付けることであろう。そのために、他人にはとても読めないような難しい読みの人もいる。例えば、「知恵」という名前は、普通「チエ」か「トモエ」と読むが、「アキエ」や「カズエ」、「トシエ」であったりする。極端に言えば「ハナコ」であってもいいわけである。先日、新聞記事で「和子」という字に「ますこ」とルビを振ってあるのを見た。これなど本人に聞かないと、まず分からない。

明治安田生命保険は、合併前の明治生命保険時代の一九八二（昭和五十七）年から名前調査をしている。それによると、二〇〇〇年ごろから名付けに大きな変化が起こってきた。それ以前は伝統的な良さを持つ漢字を使用してきたのから、男女ともに音感の良いものへと変わってきているという。大正時代末から一九六〇（昭和三十）年代までは、女の子の名に「子」を付けるのが多かったが、最近はほとんど見られなくなった。

二〇〇九年生まれの名前の人気一位は、男の子は三年続いて「大翔」で、読みはいろいろあるが「ひろと」が一番多く、次が「はると」であった。女の子は「陽菜」で、読みは「ひな」が多かった。命名にあたっては、男の子は大きく羽ばたくようにという願いから「大翔」とか、女の子は温かさを感じるようにと「陽菜」という字を工夫したのは分かる。しかし、女の子の「ひな」の読みはまだまだ分かるが、男の子の「ひろと」や「はると」では、初めての人にはいちいち説明しなければいけないし、まして、耳で聞いただけですぐに書ける字ではない。

また、ほかの調査では男の子の名付けに

月《らいと》　大虎《たいが》　待大《じお》　奏風《かなた》　芽生大《めとろ》　琥神《らいが》

などがあり、女の子の名付けには

心暖《ここあ》　海暖《のあ》　奏音《そら》　輝星《きらり》　朱香《あろま》　星《あかり》

など、個性的な名が目立ってきたという。

漢字はどのように読ませてもいいということだから、このような名付けも自由である。一昔前までは、女の子の名前には万葉仮名のような読みが多かったが、最近はもう、そんなものではない。これでは漢字と仮名の二つの名前を付けるようなものだ。本来、ルビを振るための読みが無意味である。こんな名では誰も読めない。アメリカでは「ＪＡＣＫ」と書いて「ジェイムズ」と読むことはありえない。なぜ、日本だけがこのような読みを容認しているのだろうか。

先にテレビ番組で、タレントが若い人に人気のある歌手の名前の読みを間違ったといって、ほかのマスメディアでそれを非難するような話を目にした。その歌手の名前は普通には読まないような読み方だったので間違ったのだろう。人それぞれ、得意な分野とあまり関心のない分野がある。タレントといっても万能選手ではない。あまり関心のない分野の人であれば、読めないこともある。しかし、社会では人の名前が読めないと、あたかもその人は教養がないかのように受け取られている。それよりも、命名する人が誰にでも読める名前にするよう心がけるべきである。

テレビ局でニュースデスクをしていた時、取材記者や通信社からの原稿で、どう読むか分からない固有名詞があると困惑したものだ。自社の記者の原稿であれば聞けばいい。それ以前に、ほとんどの記者は固有名詞に丹念にルビを振る。だが、通信社からの場合はそうはいかない。原稿が来ていても、テレビではアナウンサーがそれを読まなければならない。放送時間が迫っている時など、固有名詞の読みを調べるのに時間を取られるのが惜しくてならない。

放送界の人間から見ると、最初、新聞はその点、記事にするだけで読まないので、まだいいなと思っていた。ある時知り合いの元新聞記者から、新聞での固有名詞掲載の大変さを聞いたことがある。固有名詞は日常使っている漢字のほかに、旧字や異体字などを正確に印刷しなければならない。地方のゴルフ大会で入賞した人から、自分の名前の字に点が一つ足りないと苦情を言ってきたという。ローカルのゴルフ大会入賞者の正確な氏名など、原稿を書く本人以外は分からない。毎日毎日、あれだけ多くの人名を掲載する新聞のこと、固有名詞の一字一画を、地名も人名も何度も確認して、間違いないようにと大変な神経を使っているということが分かった。その点、テレビは映像があるため、新聞に比べると文字による情報量は非常に少ない。従って、放送される固有名詞の数も比較にならないくらい少ないので、まだいいほうだと思った。

人名の旧字体と異体字

名字や名前には旧字体も新字体も使用されているので、書くのを難しくしている。名前では「学」でなく「學」とか、「広」でなく「廣」、「与」でなく「與」など、旧字体で書いてくれと言う人は、名字同様に多い。

異体字も名前を難しくしている。知人に新字体では「寛」と書く名前の人が数人いる。その中の一人は、「寛」と、ウ冠の下の艹を左右離して書き、一人は「寛」と点を一つ多く書く。これなど普通には使わない字体なので、特別に説明を聞かなければ書けない。ほかにも「隆」の字に点がある「隆」であるとか、「功」でなく力が刀になっている「功」など、挙げていけば大変な数になる。

名付けに関しては、常用漢字と人名用漢字が制定され、漢字が制限されてからは、常用漢字表と人名用漢字表以外の漢字は使えないので、あまり見ないような字はなくなった。従って、難しい異体字は年配の人に多い。かつては、早稲田大学を大隈重信と創立した小野梓は、幼名を𪚥一《てついち》といった。「てつ」は、龍を四個書いた。

二〇〇七年一月から「朝日新聞」で「漢字とつきあう」というコラムが連載された。そこでは、漢字を使う難しさの具体例がいろいろ挙げられた。この中には、人名だけでなく地名も含まれているが、その一部を要約してみたい。

●奈良県葛城《かつらぎ》市は二〇〇四年に誕生した。その際、「葛城」と「葛城」の二通りの表記の中から、「葛城」を選んだ。ところが、国語審議会が表外漢字について、伝統的な康熙字典体を採用したためにＪＩＳ漢字が変わり、「葛」の字がパソコンでは出なくなった。

◉神奈川県の七十六歳の女性が、郵便局の窓口で、証明書類として健康保険証を見せたが、「保険証の名前と通帳の名前とが違うので、本人と認められません」と言われた。保険証には旧字体で「廸子」と書かれ、通帳には新字体で「迪子」と書かれていたからである。このため、手続きを中断させられた。

郵便局としては不正や盗難などを防ぐためにも、ある程度はやむをえないことでもあろう。個人の中には、自分は旧字体でなければならないとか、異体字でなければならないとか言う人がいるために、このようなことも起こってくる。戦後、せっかく新字体を採用したのだから、名付けにはそれを使うようにすれば、こんなことは起こらないのにと思う。

国際化時代の現在、どうしてそれほどまでに漢字にこだわる必要があるのだろうか。これからは、耳から聞いて個性的で新鮮な音になるよう名付けを考えるべきであろう。

このように難しい漢字ではあるが、国民の間では人気がある。「漢字世論調査」では、漢字を使うと何か立派そうだとか、平仮名や片仮名よりも格が高いというイメージがあるという。

これほど、漢字での名付けにこだわる日本人が、一般用語に関してはいとも簡単に片仮名語を多用する。明治時代の初め、日本人は欧米文化を急速に吸収するにあたって、政治、経済、思想用語に限らず、日常生活の用語まで巧みに漢字の訳語を造った。しかし、近年は欧米からの外来語は漢字に訳そうとせず。ほとんど、片仮名語としてそのまま使われる。もっとも、急激に大量の新語が流入するため、いちいち訳語を造ってはいられないという事情もあるかもしれない。

やさしい読みの人名

名前にどんな漢字を使っていても、外国へ行けば、中国以外の国では同じ発音のその国の文字で表記される。それはほとんどすべて表音文字である。私が大学で教えていた時、教えた学生の中に、「由香里」、「有佳里」、「夕可理」、「友加莉」と、「ユカリ」と読む名前が複数あったが、字にこだわって付けた名も、アルファベットを使用する外国へ行けばすべて「YUKARI」と表記される。

また、学生が出席カードを出す時、自分の名前はもともと漢字であるにもかかわらず、大体十人に一人は仮名で書いて出す。この数は毎年増えていた。親がせっかくいい字と思って付けても、若い世代のほうではあまりこだわりはないようで、一足先に表音化の方向に進んでいるのではなかろうか。

生まれた子を政治家にしたいと思っている親は、できるだけ書きやすく読みやすい名前を付けるという。投票する人が間違いなく書けるように、という親心からである。政治家には一郎や太郎など簡単な名前が多いわけである。名字や名前に少し難しい漢字がある場合は、選挙に立候補する時だけ平仮名で登録する人もいる。名の社会性を考えてのことだ。やはり一般の人も名付けにあたっては、愛児が誰からでも名前を呼ばれやすく、愛されるようにと願い、社会性も考えるべきである。

芸能人の芸名や作家などのペンネームでは、姓名ともに平仮名や片仮名書きの人もよく見かける。そのほうが大衆にアピールしやすいとか、覚えやすいとか、新しいイメージが出るとか、いろいろの理由からのようだ。国際性まで考えている人も多いのではないだろうか。

政治家や文化人などはマスメディアにより広く名前が知られているが、一般の人は、自分の名を何人ぐらいの人に知られているだろうか。親族や近隣、仕事関係など数百人にすぎないだろう。すぐには読めないような難しい名前の場合、その名前を読み書きするのに、ほかの人がどれだけ多くの苦労を余儀なくされていることだろう。もちろん本人も困るだろうに。

4　人名用漢字の変遷

人名用漢字制定までの経緯

太平洋戦争後、当用漢字が制定されるまでは、命名に漢字の制限はなかった。当用漢字が制定されると、人名に使える漢字をめぐって、漢字制限論者と制限反対論者が互いに譲らず、激しい論争が繰り返された。命名する側ではほかの字には置き換えがたいというこだわりも強かった。最近は、人名用漢字の度重なる改定で数も増えてきた。

ここでは、人名用漢字はどのような変遷をたどり、今日のようになったかを見てみたい。この経緯については、円満字二郎『人名用漢字の戦後史』と牧野恭仁雄「人名用漢字・歴史と事件」（『しにか』二〇〇三年七月号、一二～二七ページ）とを合わせて参考にしながら、大きな流れをたどってみたい。

- 一九四六（昭和二十一）年十一月十六日、「現代かなづかい」と「当用漢字表」が、内閣訓令、告示として公布された。
- 一九四七年、戸籍法の改正が議論され、第五十条で「子の名には、常用平易な文字を用いなければならない」という条文が衆参両院本会議で可決され、翌年一月一日から施行された。その後制定された戸籍法施行規則で「常用平易な文字とは、当用漢字表に掲げる文字と片仮名又は平仮名」であるとされた。従って、改正戸籍法の施行以来、名付けに使用できる漢字は当用漢字の一八五〇字となった。

一九四八年九月、神奈川県茅ケ崎市に住む夫妻に女の子が誕生し、出生届に「瑛美」と書いて提出した。当時は当用漢字だけが名付けに使用できたので、「瑛」の字は当用漢字にないから、と出生届を拒否された。

翌一九四九年、この夫妻に二人目の女の子が生まれた。今度は「玖美」と書いて出生届を出したが、これも同じ理由で拒否された。父親はほかの字ではどうしても嫌だと言って、この子を無戸籍にし家庭裁判所に異議申し立てをした。

しかし、これも退けられた。そこで高裁へ即時抗告した。その理由は

1　名前の付け方を制限するのは、憲法二十一条で保障している表現の自由の侵害である。

2　子の名前は親の命名によって決まるものであり、それと異なる名前を戸籍に記載するのは公文書不実記載になる。

3　そもそも、当用漢字は人の名前について考慮して決められたものではない。

というものであった。

これに対して、一九五一（昭和二十六）年、東京高裁の決定が下された。

「名の付け方の文字を限定したからと言って、直ちに憲法に反するとは言われない。表現の自由は無制限に認められるものではない。公共の福祉のために必要な制限を加えるのは、憲法に反するものではない」として退けられた。夫妻は高裁で敗北したが、これがきっかけとなって、人名に使える漢字を増やそうという動きが出てきた。

この高裁決定が出る少し前に、「朝日新聞」の「天声人語」や「読売新聞」も、名付けの漢字制限に対する不満を掲載した。さらに、他紙もこの問題を取り上げ世論も沸騰《ふっとう》した。ほとんどは制限撤廃の意見であるが、一部には制限賛成もあった。「天声人語」が再度、名付けの漢字制限問題を取り上げると、五十数通の投書が寄せられ、賛否両論あったという。中

には「愛児を無籍にして争うのはツムジ曲がりで親権の乱用であり、愛児のため大きな気持ちで妥協せよ」というような意見もあったという。

人名用漢字の誕生と増加

①　国語審議会固有名詞部会は、一九五一（昭和二十六）年、この問題を検討することになった。そして名付けに使える漢字について、当用漢字一八五〇字のほかに、「人名用漢字」として、新たに九十二字を加えるよう文部省などに建議した。このあと国会で審議されたが、賛否両論が激しく戦わされた。

さまざまな曲折や駆け引きを経て、結局、同年五月二十五日から実施された。これが人名用漢字の始まりであった。これで、人名に使用できる漢字は当用漢字一八五〇字と合わせて一九四二字となった。

②　人名用漢字の制定後も、もっと増やしてほしいという要望が各界から起こった。

一九七六（昭和五十一）年七月、戸籍法施行規則が改正され、この年、新たに人名用漢字が二十八字追加され一二〇字となった。これで、名付けに使える漢字は当用漢字の一八五〇字と合わせて一九七〇字となった。

③　一九八一（昭和五十六）年、今度は「当用漢字表」の一八五〇字に手が加えられて九十五字が追加され、「常用漢字表」として一九四五字が制定された。人名用漢字が追加

されたわけではなかったが、当然、名前に使える漢字も増えた。その九十五字の中には
それまで人名用漢字に入っていた字もあるので、人名用漢字はその分減ることになるが、
逆に五十四字が追加されて人名用漢字は一六六字になった。これで、名付けに使える漢
字は常用漢字と合わせて二一一一字となった。

この二回目の改定によって、人名用漢字は国語審議会に諮ることなく、法務省が自由
に増減できることになった。法務省で自由に改定できるということは、追加が割りと容
易になったということでもあり、その後、頻繁に追加されるようになった。

④ 一九九〇（平成二）年、人名用漢字の第三次改定で一一八字が追加され、二八四字と
なった。

⑤ 一九九七（平成九）年、第四次改定でさらに一字が追加された。これは、沖縄県那覇
市の夫妻が男の子に「琉」の字で出生届を出したが、名付けに使える漢字でないとして
拒否されたことによる。

夫妻は家裁に審判を申し出た。結果は一九五一（昭和二十六）年の東京高裁の判決と
は違って、那覇市に出生届の受理を命じる決定が下された。ここで、人名用漢字として
「琉」の一字だけ追加され、二八五字となった。

⑥ 二〇〇四（平成十六）年の第五次改定では、この年、四回の追加があった。二月に一
字、六月に一字、七月に三字が追加され、さらに九月には、一気に四八八字の人名用漢

字の追加と、常用漢字の異体字二〇五字も正式な人名用漢字として認められた。

この結果、人名用漢字は九八三字となり、常用漢字の一九四五字と合わせると、名付けに使える漢字の数は二九二八字となった。

⑦　二〇〇九年にはさらに二字を追加し、人名用漢字は九八五字となった。常用漢字と合わせると二九三〇字となった。

⑧　国語審議会は現在、文化審議会に変わり、そこに国語分科会が置かれた。二〇〇八（平成二十）年七月、国語分科会の中にある漢字小委員会が、今度は常用漢字表の漢字を一八八字加えるという案を出し、国語分科会で承認された。
その後もこの追加案の漢字数は小きざみに増やされており、二〇〇九年末現在、新常用漢字表は一九六字増えて二一三六字になる予定で、二〇一〇年秋に告示されることになっている。増えた字の中には人名用漢字もあるので、人名用漢字は当然減るはずであるが、この際、人名用漢字ももっと増やせという意見もあり、どうなるか分からない。

しかし、常用漢字だけでも二一三六字あれば、これだけで日本人が日常生活で知っている必要があるとされる　二〇〇〇字をはるかに超えてしまうことになる。


数回にわたって改定・追加された人名に使える漢字数の推移をまとめると、次のようになる。

・一九四六年以前は制限なし

・一九四七年、当用漢字表一八五〇字を制定

①一九五一年、当用漢字一八五〇字、人名用漢字九十二字、合計一九四二字

②一九七六年、当用漢字一八五〇字、人名用漢字一二〇字、合計一九七〇字

③一九八一年、常用漢字一九四五字、人名用漢字一六六字、合計二一一一字

④一九九〇年、常用漢字一九四五字、人名用漢字二八四字、合計二二二九字

⑤一九九七年、常用漢字一九四五字、人名用漢字二八五字、合計二二三〇字

⑥二〇〇四年、常用漢字一九四五字、人名用漢字九八三字、合計二九二八字

⑦二〇〇九年、常用漢字一九四五字、人名用漢字九八五字、合計二九三〇字

⑧二〇一〇年、常用漢字二一三六字の予定、人名用漢字は流動的

これを見ても、近年は人名用漢字の改定が加速していることが分かる。毎回、改定と言っているが、実質的には追加されたわけである。その最大の理由は、親が一生懸命考えた名前が人名用漢字にないというのでは困る、ということであった。しかしその結果、次第に数が増えて親の欲望はそのつど膨らんできた。今後もこの繰り返しであるなら、名前は漢字の数と読みの両面からますます複雑になり、読み書きが難しいものになっていく。

ところで、一九四八（昭和二十三）年、両親が「瑛美」という名で出生届を出しに行った

ら当用漢字にないからといって届けを拒否された当人を、先日、テレビ番組で見かけた。当時、父親は仕方なく出生届を「エミ」と片仮名で届けた。彼女は今も、公には「エミ」と書くが、知っている個人間には「瑛美」として書き分けているという。最初は抵抗感があったが、今ではもうそれを当たり前として使っていると語っていた。

一九八六（昭和六十一）年、東京都近郊の都市を対象に氏名の漢字調査が行われた。人口一三万八五四〇人からサンプル調査の結果、氏名に用いられている漢字のうち、誤字・俗字は二七三四字と推定された。約二％が一般に使われていない字を名字や名前に使っていることになる。これを全国に当てはめると膨大な数になる。

一九九四（平成六）年、戸籍法を改正して「戸籍をコンピューター化する際に、誤字・俗字をすべて職権で訂正する」という案が出された。これにも「行政の都合で勝手に名前を変えるのはおかしい」と反発が強く、結局、本人が嫌だと主張する場合には、その人の戸籍はコンピューター化せずに手書きのまま残すということになった。他人に多くの負担をかけてまで、異体字の名前にそれほどこだわる必要があるだろうか。

人名に使える漢字は多ければ多いほどいいというものではない。人名用漢字は日本語の将来をも見据えて考えるべきである。国内外の人や後世の人が、誰でも誤りなく読み書きできるようなものが望ましい。文字は、それを使用することによって、すべての人が利便さを共有できるものでなければならない。

大幅な追加は決して国民全体のためにはならない。今すでに、一般の日本人に必要とされる二〇〇〇字を大きく上回る漢字が人名に使える。最近は、「制限をすべてなくせ」という議論さえ戦わされている。この増加にどこかで歯止めをかけないと、日本語の混乱にますます拍車がかかることになる。

名付けは個人の自由であるが、社会の中でそれを使用することを考えれば、もうこれ以上、人名用漢字を増やしてはならない。むしろ、旧字や異体字を整理し、読みでも音訓の範囲を限定することを検討すべき時である。

5　地名・人名以外の固有名詞

固有名詞の読み書きが難しく何とか簡素化したいという思いで、これまで地名と人名について述べてきた。固有名詞にはこのほかにも会社名や団体名、商店名、商品名、さらに、文学・芸術の分野では、著作・絵画・彫刻などの作品名、広告などがある。その中でも数が多くて社会的にも影響力がある会社名について、まず考えてみたい。

幸いに手元の書棚に一九六六（昭和四十一）年の『会社四季報』（東洋経済新報社）が残っている。これと、四十年後の二〇〇六（平成十八）年の『会社四季報』との間の、会社名の変化を比較してみた。

一九六六年の掲載数は一五五〇社、そのうち、すべてが表音文字の仮名になってるのは四十九社、全体の三・二％である。仮名はすべて片仮名で、平仮名やローマ字の社名はなかった。

これに対し、二〇〇六年の掲載数は三七九〇社に増え、そのうち、すべて片仮名か平仮名、ローマ字からなる表音文字の数は一八七一社、掲載数全体の四九・四％となっている。

この四十年間で、漢字を使わないで誰でも読めて書ける表音文字の会社数が、率にして実に十六倍近くに増えた。企業の社名の中にも激しい変化が起きていることが分かる。この間、平仮名やローマ字書きの社名が出てきたことも特筆に値する。平仮名の社名が生まれてきたのは、やはり、ソフトなイメージを出そうとか、親しみのもてる名前にしようとの思いからだろう。

ローマ字の社名が生まれたのは、以前はローマ字書きで法人登記をすることはできなかったが、二〇〇二（平成十四）年に改定されてできるようになったからである。ただ、『会社四季報』にローマ字で書いてあるのにも、登記そのものがローマ字になっているのと、登記は漢字や片仮名、平仮名であるのに、一般の呼称としてローマ字名を使っているのとがある。

二〇〇六年の掲載数三七九〇社のうち、すべてが仮名やローマ字書きの一八七一社のほかにも、仮名と漢字の組み合わせの会社名も多くなった。仮名の部分を○○と書き表せば、「○○工業」、「○○産業」、「○○商会」、「○○製薬」、「○○電気」、「○○銀行」、「○○証券」など、誰でも読める名前がかなりの数を占める。この会社名は何と読むのだろうと思うのは、ほんのわずかの数になった。

社名を仮名書きにするところはまだまだ増えており、二〇〇六年の『会社四季報』の中に最新上場会社として十七社が載っているが、このうち十二社の社名がすべて仮名書きである。さらに、片仮名の前後に「日本」か「投資法人」が付いているのが四社あり、十七社のうち実に十六社・九四%の社名が誰でもすぐ読める。

会社名の仮名書き化は一時の流行というのではなく、毎年着実に増えている。仮名のほうがしゃれたイメージであるとか、社名を売り込むのに好都合などの理由のようだ。その意味では、会社名は固有名詞の中でも、人名・地名ほどには今後のあり方を気にすることはなさそうだ。

固有名詞にはそのほかにも、商店の称号、文学の作品名や登場人物名、絵画・彫刻などの作品名などいろいろある。これらは、その内容と関連して名前そのものに深い意味を持つ場合があるので、今回ここで言おうとしている固有名詞の話とは切り離して、他の日本語の用法と同様に考えるべきであろう。

第2章　日本語と漢字

1　コンピューター化と固有名詞

一九七八（昭和五十三）年に、日本語のワードプロセッサー、いわゆるワープロが初めて発売された。これはローマ字や仮名で入力して漢字に変換できるという画期的なもので、当時としては驚きであった。それ以前の一九七〇年代までは、個人が家庭で文章を書くのは全部手書きだった。

ローマ字を使う西欧では、早くから個人でもタイプライターで打つのが一般化していたが、日本語は日常語でも何千という漢字がある。その上、同音異義語や難しい固有名詞の漢字があるため、欧文タイプライターのような簡単な器具で文章を書くことはできないといわれてきた。

以前は、官庁や大きな会社などでは書類を作るために専門職のタイピストがいた。個人ではとても不可能である。私は文章をよく書くので、ワープロが発売された当時、早速購入してその機能の優れていることと便利さに目を見張った。

時代の変化の速さには驚くばかり。そのころすでにコンピューターも発売されていたが、大型で高価だったため、企業などで使うところはあったが、個人ではとても手が出なかった。ところが、一九九〇年代の終わりには、机の上に載せられるパーソナルコンピューター、いわゆるパソコンが出現した。この小さな機器でインターネットやメールでのやりとりなどができるほか、さまざまなソフトを用いて各種の文書、表や図まで作ることができるようになった。

今では、かつてのワープロは生産中止となり、パソコンとそのソフトは年ごとに進化している。もはや、仕事上でパソコンなしでは済まされない時代になった。日常生活の個人の文章もパソコンで打つのが普通になった。

最近よく聞く言葉に「世はコンピューター時代になり、パソコンで文字を打ち出すようになったので、かなり難しい字も大丈夫、漢字にあまり制限を加える必要はない」というのがある。そのためか、漢字制限論は前ほど聞かれなくなった。しかし、パソコンにどんなに多くの字が入っているとしても、人名がどの字だということは、知人とか広く知られている有名人以外は分からない。たとえ知人であっても、異体字など普段使わない字があると、入力に手間取ることになる。

文書を作る場合も「便利だ、すばらしいな」と思いながら、速いスピードで入力してきたのが、固有名詞の所で変換に手間取ってしまう。探して見つかればまだいいが、字を作らなければならない場合など、流れが一時止まってしまう。

実際、この本の原稿は「Word 2007」を使って書いたが、入っていない異体字は最初その部分だけを飛ばして打ち、後でそれらの字を作って打っていった。だが、最後にはとうとう出版社に頼った。たった数十字なのに、うんざりするほど時間がかかった。

漢字政策の問題点を検討してきた文化審議会の国語分科会が、二〇〇五年二月、「情報化時代に対応するために、常用漢字のあり方を検討すべきだ」という報告書を提出した。これはパソコンなどの情報機器が急激に普及し、難しくて書けない字でも簡単に使えるようになったという時代環境を背景にして、字をもっと増やそうということである。その結果、常用漢字は二〇一〇年に追加されることになった。

政治、経済、文化などあらゆる分野で、日本人として先人や他人の考えを受け止め、自分の考えを表現するためには、漢字を覚えなくてはならないし、また漢字は必要なものである。

当用漢字が常用漢字に変わった一九八一（昭和五十六）年、常用漢字の一九四五字が「生活における漢字使用の目安」として閣議から告示された。それには固有名詞は含まれていない。新聞でも現在、四五〇〇字程度、雑誌では八〇〇〇字程度がすでに使われている。

漢字は日本語にとって不可欠な存在である。一見便利に見えるパソコンに頼ることで、字を書かないようになり漢字が書けなくなってしまう。書けなくなるのが高じると、同音異義語が多い日本語ではどの字かの判断に困り、字を知らないことの影響が出てくるのが危惧される。

二〇〇五（平成十七）年、文化庁の調査で「漢字を習得するために役立つことは何か」という問いに、七一％の人が「何度でも手で書くこと」と答えている。「ワープロがあるので漢字を書く必要は少なくなる」という人は三％しかいなかった。たとえ情報機器時代でも、漢字を覚えるにはワープロに頼るのでなく、やはり手書きのことも考慮する必要がある。

従って、漢字の数をどうするかという場合には、単に増やすのではなく、日本語を表現するにはどんな字をどれだけの数使用すれば一応足りるかを考えるべきである。日常生活や会社などの通常業務で書かれる文章は、卓上のパソコンに収められている漢字の枠内でほとんど間に合う。

しかし、学術的、専門的なこと、仏教や古文、中国文学などの研究者なら、当然、字の数が足りなくなる。四万字を超える漢字を研究しようとすれば、パソコンに何字入っていても満足はできないだろう。ただ、これらの人は、文章を書く全体からすればほんのわずかの率である。その人たちのためには別の方法を考えればいい。一般の人までそんな多数の漢字を覚えて使うことはない。

漢字の数の制限をどうするかとか、読みをどうするかということが、いつも問題視されている。最近は特に、「漢字使用の制限を撤廃しよう」という意見も多くなった。もし制限をなくしたら、日本語の将来そのものがどうなるか心配でならない。少なくとも、固有名詞を簡素化するだけでも、万人がどれだけ助かるか分からない。これは手書きだけでなく、パソコンを使う場合にも同じことが言える。

北朝鮮ではハングルだけの表記であり、韓国では近年漢字を使わないことが多くなった。パソコン時代の現在、同じ漢字圏でありながら、韓国は日本とは際立って違っているところがある。韓国の熟練した人は、講演を聴きながら話す言葉と同じスピードで、パソコンにハングルを打ち込めるという。

日本ではそうはいかない。漢字に変換しなければならないし、そこに固有名詞が来たらさらに手間取る。名前の字が分からなかったら、とりあえず仮名で打って逃げるしかない。こんな多忙な時代、どちらが合理的かということは明白である。人名に使える漢字をもっと増やして自由に使えるようにしようとしているが、これでは時代に逆行する。

パソコン時代だからといって、人名に使用する漢字まで増やすのは賛成できない。むしろ、人名に使う漢字を再考することが重要であろう。コンピューター時代だからこそ、このことを痛感する。

2　日本における漢字と仮名の変遷

漢字伝来

漢字はいつごろ、どのようにして伝来し、今日までどのような道をたどったかを見てみよう。

『古事記』によれば、日本では四世紀末から五世紀初めにかけて、応神天皇の時、百済から王仁《わに》が『論語』と『千字文』をもって渡来して儒学を伝え、その時、漢字も入ってきたといわれる。『千字文』は四言の古詩二五〇句からなり、中国の梁で六世紀の初めに作られたとされる。これでは、中国で『千字文』ができる前に日本へもたらされたことになり、年代の点で『古事記』の記述は疑われる。

仏教は五三八年に、百済の聖明王が仏像などを日本にもたらし伝来した。仏教とともに大陸の文化や思想も日本に伝わった。国家の庇護のもと仏教は隆盛になり、法隆寺や多くの寺院が建立された。それと同時に仏教は政治と結びついて、国の形成と発展に大きな力となった。

飛鳥時代の七世紀初め、聖徳太子が『勝鬘経《しょうまんぎょう》義疏《ぎしょ》』など八巻の仏教経典の注釈書を著したと伝えられる。六二〇年に編纂された日本最初の歴史書『天皇記』や『国記』などは、六四五年の蘇我氏滅亡とともに焼失してしまった。奈良時代の七一二年に、現存する日本最古の歴史書として『古事記』が編纂され、続いて七二〇年には、『日本書紀』が編まれた。その後、奈良時代の後半には日本最古の歌集『万葉集』が成立した。

日本に入ってきた漢字には、取り入れた時代によって三種類の異なった発音がある。呉音、漢音、宋音である。漢音と呉音が多いが、特に漢音が一番多い。最初は、中国の六朝時代の三世紀から六世紀ごろまで、現在の南京に都があった呉から入った呉音である。日本には、呉から直接ではなく朝鮮半島経由で入ってきた。

次は漢音だが、それが入ってきたのは漢代ではなく唐代で、日本の平安時代初めごろ、弘法大師らの留学僧が唐の長安で学んで取り入れた。漢音が入ってくると、七九二（延暦十一）年、漢音奨励のお触れが出され漢音が正音とされた。それまでの呉音は排斥されて、ほとんどが漢音に取って換えられた。呉音は「行」を「ぎょう」、「経」を「きょう」と読むなど、今日では仏教用語などに残っている。宋音は、鎌倉、室町時代に、中国の宋、元、明の間を往来した禅宗の僧侶や御朱印船貿易商人たちによって伝えられた。

『古事記』、『日本書紀』は漢字で書かれているが、そのほとんどは字音仮名で、一字一音を原則としている。『古事記』に使われた漢字の読みは、最初に漢字が日本に入ってきた時代に使われた呉音式であった。その後編まれた『日本書紀』は、後で入ってきた漢音式の読みになった。例えば「八立つ」は、『古事記』では「夜久毛多都」と書かれ、字音と漢字の意味との関連性はない。漢字一字が一音節を表すように読む工夫がなされていた。ここですでに仮名文字の誕生する条件もあった。

これが『万葉集』の歌では、「なつかし」という言葉は字音を用いて「奈都可思」と表記されるとともに、字訓を用いて「夏樫」とも表記される。また、「大君は神にしませば」は「皇者神二四座者」となり、皇《おおきみ》、者《は》、神、座《ます》、者《ば》は訓読みで、二《に》、四《し》は音読みである（藤堂明保著『漢字とその文化圏』一四七ページ）。

ここでは漢字を「音」として使うだけでなく、「訓」も使うようになっている。このことから、七世紀前半と後半との半世紀の間に、日本での漢字使用に進化が見てとれる。日本人は中国から取り入れた漢字を音で読むだけでなく、その漢字の意味と同じ和語を当てて内容を理解するようにした。すなわち、漢字を直接日本語で読む「訓」が考案されたのである。「国」は「コク」ではなく「くに」、「山」は「サン」ではなく「やま」と呼ぶたぐいである。ここから漢字は、「漢の字」としてではなく「日本の字」として浸透していくことになる。

訓がいつごろできたかは、はっきりしないが、現在見つかっている最古のものは、島根県松江市の「岡田山一号墳鉄剣銘」に刻まれているもので、作られたのは六世紀後半とされている。八世紀後半に編まれた『万葉集』では、訓読みを自由に使いこなしているところから、それよりかなり早くから訓読みが広く使われていたに違いない。

平安、鎌倉時代には、正式な記録や日記、書簡は漢文で書いた。漢文といっても、ほとんどはかなり日本化したもので、中国の漢文とはまた違った書き方である。

例えば、鎌倉時代前期の歌人・藤原定家の日記『明月記』の一部を抜粋してみる。

「六日乙未、天晴、昨日事申入殿下、可有勅撰集乎之仰、其年限先例無定事、遅可依時儀哉、抑撰者、尤可被撰其器量、定家於道者其機縁、不能継家跡（後略）」

とにかく、漢字だけで漢文形式で書くのが普通とされた。

仮名の誕生

漢字の訓読みができた最初は、あくまで一字一字の読みだけであった。文章を仮名で書き表すことができるようになるのはその後である。平仮名は十世紀、平安時代初期から中期に漢字の草書体を利用して成立し、主に優美な書き方を好む女性たちによって発達した。

片仮名は漢字の形の一部分を利用してできた。男性が漢文を書くための補助記号として生まれたといわれ、漢文の漢字の下に小さく片仮名を付けて書くようになった。平仮名のように美しさを求めたものではなく、もっぱら、実用上の簡便さを狙ったものだった。現在、知られている最古の漢文訓読体の文章は平安初期の『東大寺諷誦《ふじゅ》文稿』である。

片仮名には最初のうちこそ学派による違いや個人差があったが、平安朝の中ごろには簡易化され尽くし、ほぼ統一した字体にまとまってきた。江戸時代の初期にはすでに、今日の片仮名と大差ない形にまで進んでいたという。

しかし、仮名はあくまで「仮の文字」であった。漢字を「真字」、「本字」といったことからもそれはうかがえる。男は漢字で文章を書くものとされたので、漢字のことを「男手」ともいい、平仮名は女の書く文字とされ「女手」ともいった。

江戸時代までは、教養のある人は漢字で書くものとされ、政府の文献も歴史もほとんど漢字で書かれていた。仮名で書かれたのは文学に多かった。明治時代になってようやく、「仮名交じり文」で文章を書くようになった。

平仮名には変体仮名といって、同じ音でもいろいろな形があった。そのままでは、国民が義務教育を受けるにあたり混乱するので、一九〇〇（明治三十三）年、小学校令施行規則により平仮名は現在使用されているような形に統一された。だが、太平洋戦争のころまでは個人の書簡などで変体仮名はよく使われた。現在でも書道で和歌などを書く場合には変体仮名が使われている。

漢字は中国で発明されたものであり、日本人はその文化にあこがれ漢字を導入した。だが、文章の体系が違う中国の漢字で日本語を書き表すのは、かなり不便なところもある。それを補うために仮名を発明し、漢字は表意文字として、仮名は表音文字として使った。もっとも、旧仮名遣いの時代には平仮名を表意文字とする分け方もあった。ここで、日本語の表記法は世界でも珍しい表音・表意両文字を混用するという形になった。それに誰も疑問を感じなかったし、漢字を利用することでそれを日本の文字として消化してきた。

漢字廃止論

日本で漢字に対して懐疑を覚え始めたのは江戸時代末期のことで、欧米諸国の文字に比べて複雑で普及しにくいからであった。最初にこの問題の口火を切ったのは、後に郵便制度を制定した前島密で、一八六六（慶応二）年、将軍徳川慶喜に『漢字御廃止之儀』という文書を提出した。

明治時代、特に最初の二十年、言語改革論が盛んに唱えられた。その主張は大きく二つに分かれる。一つは文部大臣で学校令を公布した森有礼のように、「日本語は遅れた言語であるので、日本語を捨てて英語を国語にしよう」というものである。もう一つは「日本語は捨てないで漢字を捨てて、仮名やアルファベットのような音標文字にしよう」というものである。黄色人種は白人より人種として劣っているので、これから日本人と白人との間の結婚を奨励し、日本民族を優秀な民族に改良するという説まで出てきた。

南部義籌が一八六九（明治二）年、大学頭・山内容堂に『修国語論』というローマ字論を提唱、さらに西周《にしあまね》は、一八七四（明治七）年に結成された啓蒙思想団体・明六社の機関雑誌『明六雑誌』の第一号に、ローマ字採用の利を述べている。日本政府は一九〇〇年代（明治三十年代）に音標文字化を国の方針とした。

その後、この方針を正式に取り消したわけではないが、社会の状況が変わってきた。日本人によって数千の漢字熟語が作られ、政治も経済も科学も文化も、漢字語がなければ伝えられなくなった。それと同時に、日清戦争に勝利するなど日本の国力が充実するにつれて、漢字廃止論は次第に下火になった。

口語体

日本人は文章を書く場合、明治になっても口語体はまだなかったので、文語体で書いていた。明治二十年代から言文一致の機運が起こった。言文一致の口語体を用いた最初の小説は、一八八七（明治二十）年から一八八九年にかけて書かれた二葉亭四迷の『浮雲』である。その後も、一八九〇年代、田山花袋や坪内逍遙などが言文一致で文章を書き始めると、次第に口語体が主流になった。森鷗外や夏目漱石などは言文一致体で小説を書いて、多くの読者をひきつけた。

小説は言文一致体に変わったが、政府が出す文書などは文語の漢文訓読体が続いた。明治憲法（大日本帝国憲法）や多くの法律なども同様であり、当時、公の文章は漢文訓読体でなければ権威がないという感覚でとらえられていた。個人の書簡でさえ文語体の候文で書くのが当たり前とされ、日記も文語体で書く人が多かった。

これは第二次世界大戦の終了まで続き、一九四五（昭和二十）年八月十五日、敗戦を伝える天皇陛下のお言葉も漢文訓読体であった。当時、ラジオ電波の具合も良くなかったが、ちゃんと聞こえた人でも、文章が難しくて、負けたのかまだ交戦しようと言っているのかよく理解できなかった、という人も結構多かったようだ。

われわれが日常目にする文章が完全に口語体になったのは戦後のことである。一九四七（昭和二十二）年に施行された日本国憲法は口語体で書かれている。しかし、他の六法関係は一気に口語体というわけにはいかず、徐々に口語体に変わっている。

漢字崇拝

明治時代には漢字崇拝から西洋の地名も漢字で書くものと思われていた。中国語では、フランスは仏蘭西、パリは巴里、ロンドンは倫敦などと書き表す。中国は日本の仮名にあたる文字を持たないため、当然のことである。厳密に言えば日本の片仮名に当たるような字が考案されたが普及しなかった。しかし、日本では仮名で書けるので、本来、漢字で書く必要はなかったのに漢字で書いていた。そのうえ、中国の本にない外国地名も日本で漢字を当てて表すまでになった。例えば、ウラジオストクは「浦塩斯徳」と湯桶読みで漢字を作った。

現在われわれは、フランス、パリ、ロンドン、ウラジオストクと片仮名で書くのが当然だと思っている。漢字で書かなかったからといって、ちっとも恥ずかしいとは思っていない。

私は学生時代に、太平洋戦争直後に書かれた戦史の本を読んでいて、次々と出てくる漢字の地名の読みが分からず、辞書を引くのが大変だった記憶がある。

布哇《ハワイ》　新嘉坡《シンガポール》　緬甸《ビルマ》　比律賓《フイリピン》　瑞西《スイス》　瑞典《スウエーデン》　西班牙《スペイン》、莫斯科《モスクワ》

などがあった。外国の地名も漢字で書いたほうが、権威があると考えられていた。

戦後の改革

一九四五（昭和二十）年の敗戦で、国語改革の機運が再燃した。「日本が戦争に敗れたのは軍事力、経済力だけでなく、文化面の言語と文字が劣っていたから」と言う人もあった。一九四六年、作家の志賀直哉は「日本の国語ほど不完全で不便なものはない」として、「日本の言葉はこの際、思い切って世界で一番流麗でエレガントな言語であるフランス語に変えてはどうか」と提唱したこともあった。語尾の活用や性の区別など、あの難しいフランス語をと思ったが、後で聞くところでは志賀直哉自身はフランス語は分からなかったという。

戦後、日本を占領統治したアメリカは、日本に民主主義を浸透させるためとして、教育使節団を遣わした。この使節団は一九四六年、ほぼ次のような報告書を作った。

日本の書き言葉は大部分が漢字で書かれているが、この漢字を覚えることが生徒にとって重すぎる負担になっている。その解決法を現在日本の三十余の団体で討議している。

その内容は三つに大別される。

①　漢字の制限
②　漢字の全廃、カナの全面的採用
③　漢字とカナの全廃、ローマ字の採用

使節団は、遅かれ早かれ漢字は全廃されるべきであり、ローマ字採用が一番ふさわしいと発表した。

この勧告があると、明治時代から活動していた「カナモジカイ」と「ＲＯＭＡＪＩＫＡＩ」という団体は力を得て動き出した。こうした流れの中で国語審議会が検討して、文部省から矢継ぎ早に改革が出された。

敗戦の一年後、一九四六（昭和二十一）年十一月、「当用漢字」として一八五〇字を定め、固有名詞などを除きできるだけ当用漢字以外は使用しないようにした。同時に「現代かなづかい」も内閣告示という形で公布された。一九四八（昭和二十三）年四月には「当用漢字別表」として「教育漢字」八八一字と「当用漢字音訓表」、一九四九（昭和二十四）年四月には「当用漢字字体表」が公布された。

少し遅れて、一九七三（昭和四十八）年六月には、それまで書く人によってまちまちだった送り仮名に一定の基準が設けられ、「送り仮名の付け方」が告示された。告示された当時は、漢字の送り仮名まで政府が一方的に強制するのはおかしい、という意見が強く出された。これは一九八一（昭和五十六）年十月に一部改正された。その後は、日本の経済発展と国力の充実により、日本語を全廃して英語やフランス語に置き換えようというような意見は影をひそめた。

一方、片仮名書きの外来語には制限はなく、外来語の洪水といわれるほど日本語の中に片仮名語が取り入れられてきた。同時に、国際語として急激に世界中に広がってきた英語を、日本の第二公用語として採用し、二言語の併用を認めようという提言さえなされている。

漢字の特徴

漢字の表意性は非常に優れた面を持っている。われわれは漢字をいわば一つの映像として認識する。そのため判読が容易で、普通一秒で七字理解できるという。新聞を開いた時、読まなくても一瞬見出しを見ただけで、何について書いてあるかが分かる。書店で書架に並んでいる本を少し離れて見ても、何に関する分野で、自分が興味を持っている本かどうかがすぐに分かる。さらに、興味ある本であれば、表紙をめくり目次を見れば、本の内容までもほとんど把握できる。

英語はそうはいかない。新聞でも本のタイトルでも、近づいてある程度読まないと、中身が分からない。特に本の場合、書架に立てて置いてあるのに文字は横書きなので分かりづらい。街頭の縦の看板などでは横書きのローマ字では見にくいし、一字ずつ縦に書いてあるのも多いが、これもやはり読みにくい。日本語は縦にも横にも書ける便利さがある。いったん漢字を覚えると、中身の概要をつかむことでは英語とは比較にならないくらい速い。

以前、日本生まれで、日本語を日本人と同様に読み書き、話すことができるアメリカ人に、新聞の見出しなどを見る場合、英語圏の人は英語も日本語と同じくらいの速さで理解できるのかと聞いたら、「それは漢字のある日本語のほうが、断然速いです」という答えが返ってきた。

近代ヨーロッパ言語学では、言語というのはもともと単なる音であり、文字はそれを書き写したものにすぎない、という構造言語学が主流を占めた。その言語学は日本への影響も大きい。だが、漢字は表意文字であり、文字そのものに情報が含まれている。漢字を使う日本語にはそれは当てはまらないと反論する人たちも多い。

日本人は中国で創案された漢字を導入し、まるで、自国語の文字のように使ってきたが、その数ではローマ字を使用する国の文字が二十数字しかないのに比べると極端に多い。漢字の数は、中国の清朝時代の一七一六年に編まれた『康熙字典』（四十二巻）では四万〇五四五字あるとされ、第二次世界大戦後に編まれた諸橋轍次の『大漢和辞典』（十三巻）には四万八九〇二字あるという。

明治時代、欧州の思想や文化などを取り入れるために日本人が造語した熟語を、今では中国が日本から逆輸入して数多く使っている。「科学」、「歴史」、「革命」、「自由」、「民主」、「電話」などだ。われわれ日本人はすぐれた書き言葉の漢字を持っている。

しかし、その便利な漢字もいい面ばかりではなく、それと裏腹に大変複雑で使用法が混乱している。その上、同じ漢字なのに、日本ではそれに対処する内容によって、所轄の省がそれぞれ違う。常用漢字は教育関連ということで文部科学省、人名用漢字は戸籍を扱う法務省、パソコンの漢字は経済産業省である。これらの省がどうしてもばらばらに動いている。三つの省が縄張り争いを続けるのは、国民にとって少しもプラスにはならない。

常用漢字表では人名や地名は対象外とされ、国語施策にはこれまで固有名詞の扱い方については明確な指針がなかった。二〇〇六年の文部科学省の諮問は、人名用漢字やＪＩＳ漢字との関連も踏まえて、総合的な漢字政策のあり方を問うている。

当て字

和語に漢字を当てるのを「当て字」といっており、中国語の音を借用して日本語として使う借音は、まだ仮名がなかった記紀、万葉のころは普通のことであった。明治になってからもやはり、文章は漢字で書くのが当然という風潮が強く、純然たる和語に至るまで漢字で熟語を書くことがあった。

明治時代には多くの作家が当て字を作ったり使ったりした。夏目漱石は自分で作った当て字が多いことで知られている。小説の中で「盆槍」と書いて「ぼんやり」と読ませたり、「歩行く」は「あるく」、「閉口たれる」は「へこたれる」、「私語合う」は「ささやきあう」、などがある。このほか、外来語もよく取り入れ、「肉刀」は「ナイフ」、「肉匙」は「フォーク」、「特殊人」は「オリジナル」などがある。当時は、和語も漢字で書かなければ安っぽくみられるという感覚と、文章の遊び心からだったのだろう。

当て字の中でも普段よく使われ、常用漢字の付表にも載っている熟字に、大人、相撲、梅雨、土産などがある。大人、土産は中国語の表記をそのまま和語にして読んだもので、相撲、梅雨は和語に漢字を当てたものという違いはあるが、長い間に日本人の生活に溶け込んでおり、読み書きに困難を伴うものではない。

漢字の熟語に同じ意味の和語のルビを振ることは、今でもかなり広く行われている。小説などもあるが、特に歌詞に多い。

例えば、生命《いのち》、真実《まこと》、故郷《くに》、運命《さだめ》など。これらは和語で書くより感情が豊かに表現できるからであろう。

漢字ブーム

日本漢字能力検定の受験者は二〇〇八年に二七五万人で過去最高となった。書店には漢字にまつわる本がずらりと並び、漢字書き取りの携帯ゲームが大ヒットしている。日本人にとって漢字は欠かせない。それを自由に読み書きできるということは大変いいことだが、漢字を負担に感じる人たちも多い。今回は戦後三回目の漢字ブームだという。漢字に熱中するのは人それぞれに理由と目的があるようだ。だが、一般の人を対象にして、これが読めないと教養がないとか、笑われるというムードがはびこれば、漢字以外のことを一生懸命にやっている人はたまらない。

「滂沱《ぼうだ》」、「遊弋《ゆうよく》」、「謦咳《けいがい》」、「微睡《まどろ》む」とか一般の人はとても読み書きできない。漢字ブームは単なる遊びとして考える場合はいいが、それが過熱して漢字に対する人の考え方まで変えてしまうことになれば問題である。

最近はテレビでも難しい漢字を読んだり書いたりする番組が増えた。寝転がって楽しみながら見るのはいいが、こうした語は話し言葉としては使うが、読めなくても書けなくてもいいじゃないかと思う。先日の番組では、

矍鑠《かくしゃく》　蹂躙《じゅうりん》　顰蹙《ひんしゅく》

などがあった。

一方、漢字検定一級に合格するためには、次のような語も覚える必要があるという。

鳩尾《みぞおち》　麺麭《パン》　襤褸《ぼろ》　発条《バネ》　壁蝨《だに》　面皰《にきび》　螺子《ねじ》

このような熟字が実際に問題として提出されている。今の時代は、少なくとも一般の人は漢字では書かない文字である。常用漢字や人名用漢字を制定し、日常使用する漢字をできるだけこの範囲に収めようとしている一方で、ますます難しい漢字の読み書きを助長するようなムードにならないよう心がけたいものである。

『第三の波』はアルビン・トフラーが著したが、それに先駆けて情報化社会の到来を予見した民俗学者の梅棹忠夫は、一九八八（昭和六十三）年、『情報の文明学』を著し大きな影響を与えた。梅棹は国語国字改革論者としても知られている。梅棹は「漢字は好きだが漢字のしがらみが日本の文明の進歩を妨げている」という信念の人である。その著書では漢字を使うのに独自の書き方をしている。名詞以外では原則、音読みの字だけに漢字が使われている。この使い方は仮名が多いので最初は読みにくい面もあるが、すぐ慣れたし、これから学習する人にとっては便利だなと思った。

第3章　外国人と日本語

外国人に難しい日本語

二〇〇八年夏の北京オリンピック直前のこと、夕食時にテレビをつけたら、北京から一人の女性がリポートをしていた。途中からスイッチを入れたので、名前のスーパーは出なかった。しゃべりはうまいしアクセントもしっかりしていたので、オリンピックのために日本から特派されたリポーターかアナウンサーだろうと思って聞いていた。

リポートが進むうちに、その女性が「後ろに三ポンのポールが見えますが……」と言った。その時私は「ああ、この人は中国人だったのだ。それにしても、うまい日本語を話す人だな」と思った。日本語の助数詞はとびきり複雑で難しい。種類が多いのでそれを覚えるだけでも大変なのに、「本」のように数によって読み方が違ってくるのもあるから、ますます混乱してくる。

一本から三本まで数えるのに「いっぽん」、「にほん」、「さんぼん」と、「本」の読み方が「ぽん」、「ほん」、「ぼん」と全部違ってくる。これでは日本人同様に日本語を上手に話す人でも、間違えることがあるのだなと思った。このほかにも、われわれが日常的に使っている言葉で「十時十分」は「じゅうじじゅうふん」とは言わない。「じゅうじじっぷん」もしくは「じゅうじじゅっぷん」と言う。

こんなこともあった。以前、大学で教壇に立っていた時、三年生の授業で卒業論文について一人ひとりから説明を受けたことがある。中に中国からの留学生がいたが、その留学生が普通とはちょっと違う読みの熟語があったので間違って読んだ。それでクスクス笑う学生がいた。その時、私は黒板に次のような文字を書いた。

「五月五日の日曜日はこどもの日で祝日です」。そして、その中国からの留学生を指して、「これを読んでみなさい」といった。その留学生はすべてを間違いなくスラスラ読んだ。私が「これがよく読めましたね」と言ったら、日本人の学生はキョトンとしている。そんな易しい日本語誰でも読めますよ、というような感じである。

しかし、ここで「日」という字の読みに注意すると、普通この「日」は訓が「ひ」、音が「にち」である。この短い文章には「日」が五回出てくるが、五回とも全部読みが違う。「五月五日《か》の、日《にち》曜日《び》は、こどもの日《ひ》で、祝日《じつ》です」と読み、「か、にち、び、ひ、じつ」となる。これを一つ間違えて読んでも正しい日本語ではないし、聞いていたらおかしい。

生まれながらに日本語を話してきた日本人は、このような言葉や文章を当然のことのように話したり読んだりしている。ところが、外国人は一つひとつ覚えていかなければならない。

日本語はそれほど難しいし、その日本語を覚えるには大変な努力がいる。日本人の学生にこのことを言った時、みな、先ほどとは逆に、なるほどこの留学生はよく勉強しているな、と感心した様子であった。

このほかにも、二字以上の漢字をその意味の和語で読む熟字訓という厄介な読み方もある。「日」が付く字だけでも、一日《ついたち》、八日《ようか》、昨日《きのう》、日和《ひより》などがある。こんな日本語を外国人は苦労して覚えている。

増える在日外国人

二〇〇八年末の外国人登録者数は二二二万人で、日本の総人口の一・七%を超えた。過去十年間で一・五倍となっており、外国人の数は毎年増えている。このうち、中国人は急激に増え、台湾、香港、マカオを含めると六十六万人、二九・七%で一位。かつて飛び抜けて多かった韓国・朝鮮人はむしろ減少に転じており、五十九万人で二六・六%になった。両国を合わせると在日外国人の半数を超える。この後、ブラジル、フィリピン、ペルーと続く。日本語はもう日本人だけのものではなくなったのだ。

永住許可のある人や労働ビザで来日している人などを除いて、われわれがよく知っている外国人には次のような種類がある。その状況を見てみたい。

①　留学生

一般に留学生といわれるのは、厳密にいうと留学生と就学生に区別される。大学などで専門的なことを学んでいるのが留学生で、大学に入る前に来日してから二年間、まず日本語の勉強をすることになるが、その日本語学校生を就学生と呼ぶ。日本語学校でも文部科学大臣から指定を受けたコースの学生は留学生となる。留学生と就学生とではいろいろな条件が異なっているが、アルバイトの時間制限も違う。ここでは両者を含め、広義の意味での学生を「留学生」と呼ぶことにする。

まず留学生は、日本から外国へ行く学生数は二〇〇三年をピークに毎年減っており、二〇〇七年時点で十万五千人となった。これとは逆に、海外から日本に留学する学生数は、二〇〇九年時点で十三万三千人と過去最高となった。このうち、中国の六〇％をはじめアジアだけで九二％を占める。文部科学省の調べでは、八四％がアルバイトをして学費や生活費を得ている。私が知っている私費留学生は、すべての費用を親の仕送りに頼っているスウェーデンの学生一人を除いて、全員がアルバイトをしている。

日本の各大学で学生数に占める留学生の数を見ると、割合が多いほうから上位十校までは二〇％を超えており、この割合は年々高くなっている。欧米先進国の学生受け入れ数は、二〇〇五年でアメリカが五十六万人、イギリスが三十六万人などとなっており、日本の留学生数を大幅に上回っている。日本でも二〇〇八年に、二〇二〇年をめどに「留学生三十万人計画」を打ち出して、学生数の拡大を目指している。二〇一〇年七月に入管法が改正され、「就学」という資格はなくなり、留学に一本化されることになっている。

② 看護師と介護福祉士を目指す人

数年前から日本の人口が減少を始めた。これからはさまざまな形で来日外国人に労働力を頼ることが多くなってくる。これまでは南米から日系人の来日が多かったが、今後はアジア系の人が多くなりそうだ。二〇〇八年以降は、フィリピンやインドネシアから日本で看護師や介護福祉士を目指す人たちが来日し、各地の病院や介護施設で働きながら学んでいる。

彼らは三年もしくは四年で日本の国家試験に合格できないと、帰国しなければならない。試験はすべて日本語で日本人と同様の問題で実施される。彼らはそれぞれの国ではすでに資格を持つ人たちであるが、日本では漢字の難しさのためにほとんど合格できないだろうといわれている。二〇〇九年末になって、政府も外国人への漢字の試験に何らかの対策を打ち出す方向で動き出した。

③ ワーキング・ホリデー

ワーキング・ホリデー制度というのは、青年が異なった文化の中で休暇を楽しみながら、その間の滞在費を補うため一定の就労を認めるもので、現在、日本が協定を結んでいるのは、オーストラリアやニュージランドなど十カ国に及ぶ。このうち、アジアの国は韓国と台湾（中華民国）の二カ国だけで、期間はほとんど一年であるが、相手国によっては二年というのもある。

今のところ、協定を結んだアジアの国が少ないということもあり、この制度を利用するのはほとんど日本人で、彼らは国際的視野の養成を目指して、外国で語学学習を兼ねて働きながら勉強している。

この制度を利用して日本に来る外国人も毎年増えている。二〇〇九年には、韓国から四千人、イギリスから千人が来日した。近く韓国からの枠だけでも一万人にする予定だという。最近ではレストランなどで働く人が多く、労働力の一環となっている面もある。ワーキング・ホリデーの来日者を対象にした有料職業紹介というのもある。この制度の協定国は次第に増えていることから、多くの国に広がっていったら、おそらくこれらの外国人を労働力として当てにするところも増えてくるだろう。

④　外国人研修・技能実習制度

この制度は、開発途上国への国際貢献と国際協力を目的として、日本の技術・技能の習得を支援することになっている。現在、繊維、食品、建設、農業など六十三職種で、研修一年、技能実習二年、合わせて最大三年間の滞在が可能となっている。研修生は毎年増えており、二〇〇九年現在で約二十万人、三分の二が中国からで、あとインドネシア、タイ、ベトナムと続く。

大きな企業や団体、組織ではこの制度がちゃんと守られて活用されているようだが、近年は中小企業や農家が労働力確保のためにこの制度を利用するケースが目立ち、賃金不払いや長時間労働などいろいろと問題も起こっている。日本語が話せずうまく意思の疎通ができない点もある。逆に、研修生の中にも技能習得でなく、出稼ぎ感覚で来日する人も多く、決まっている賃金の増額を要求するなどもあるようだ。

二〇〇九年十一月、農業研修生が全国で二番目に多い熊本県の農家で、受け入れ農家の夫婦が中国人研修生に殺され、研修生は自殺するという事件が起こった。以前から受け入れ先と研修生とのトラブルが後を絶たない。政府でもそれらの対策のため新しい制度作りが進んでおり、二〇一〇年七月に実施される予定である。

以前、東北の漁村にある魚の加工工場を回って取材したことがある。働き手はほとんど年配の日本人と外国人研修制度で来日した若い外国人であった。工場の経営者は「安い賃金ときつい労働のこんな所には、日本人の若い人は来てくれませんし、外国人の働き手なしでは、このような工場はやっていけません」と嘆いていた。

都会でも似たようなことがあり、「きつい、きたない、きけん」の3Kの仕事は外国人に頼っているところもある。人口減少のため労働力が不足しているのを外国人がカバーしてくれるのは大変ありがたい。だが、外国人があまりにも多くなりすぎると、同時に、社会的にもいろいろな問題が起こってくる。それは、ドイツの例を見ても分かる。[*]しかし、現実に今や、外国人は日本の社会をも支える存在になった。

＊　ドイツではかつて労働力の不足を補うため、トルコなどの外国から働き手をどんどん受け入れた。一般の労働のほかに３Ｋなども頼り、その当時は国民に大変喜ばれた。やがて、この人たちが結婚し子どもを生むようになると、中東系の人たちは多産型でもあるし、国はその子どもたちのためにさまざまな出費を余儀なくされた。そのうち、労働力として頼りにしていた人たちが高齢となり、今度はそのための医療費などの社会保障費にまた多額の予算を注がざるを得なくなった。

そして、国民が次第にこれらの外国人をあまり歓迎しなくなった。文化が違うということもあり、差別的なことが起こってきたので、犯罪も多発するようになった。やがて、不景気が襲ってくるとドイツ人の失業者が増えてきて、われわれに仕事がないのも外国人がいるからだ、外国人出て行け、とこれらの外国人を襲撃したり、外国人の住んでいる所に放火するなどの事件が起こってきた。

国は治安上、外交上、これではまずいと外国人に帰国を促した。ところが、今度は外国人のほうが、おれたちを労働力として使うだけ使っておきながら、あとは出て行けと言うのか、家族ももうドイツにすっかり根を下ろしている、と怒り出した。結局、ドイツは多額の金を払ってこれらの外国人を帰国させようとしているが、思うようにはいっていない。今では、外国からの若い労働力は結局高くつくといわれるようになってきた。

インドはＩＣなどの先端技術を修得した人が多いことで知られており、アメリカなどへの頭脳流失が多い。技術者不足に悩む日本の企業にとっては欲しい人材ばかりであるが、彼らは日本にはなかなか来ない。日本語が難しいからだという。グローバル化した現在、日本語の難しさがさまざまな面でネックになっている。

日本でも外国人の労働力に頼る時代になってきた。国民が外国人を単に足りない労働力として雇用するだけで、用がなくなったら出て行けという感覚であれば、外国人との間にドイツのような摩擦が起こってくる。そのために、受け入れにあたっては国民全体が外国人と一緒にやっていくという、十分な覚悟がなければならない。

経済産業省の試算では、二〇三〇年までに、外国人労働者の数は日本の労働者全体の五分の一に当たる一四二四万人を占めるという。文化庁所管の日本語教育小委員会は「生活者としての外国人」に対する日本語教育のあり方を検討中である。

二〇〇八年七月には、日本語を母語としない外国人が初めて芥川賞を受賞した。また、海外で日本語を勉強している人は、二〇〇七年で一三三カ国・地域にわたり、その数は二九八万人に上る。世界が狭くなり交流が多くなると、日本語は日本人だけのものではなくなってきた。ただでさえ難しい日本語、留学生に聞いてもやはり固有名詞が特に難しいという。外国人に使いやすい言葉こそ、国際化時代に必要とされている。

日本語の語彙

太平洋戦争の前に比べると、日本語の書き言葉は当用漢字、常用漢字による漢字制限や現代仮名遣いが示されるなど、かなり簡素化されてきたことは確かである。それでもヨーロッパ諸国の言語と比較すると、難しい言語であることには違いない。単語の数は少数民族の言語などを除けば、どの言語でも数万から数十万といわれている。

雑誌九十種の用字用語をフランス語、スペイン語、ルーマニア語、日本語で調査したという結果がある。それによると、日本語は使用頻度の上位五百語を覚えても、文章全体で分かる単語は半分しかない。ところが、フランス語、スペイン語、ルーマニア語では七〇％近くの単語が分かる。上位千語を覚えても、日本語は六〇％の単語しか分からないが、他の三言語では八〇％以上が知った単語になるという。

また、他のデータでは、フランス語は五千語の単語を覚えると、日常会話の単語の九六％が理解できるが、日本語で九六％理解するためには、二万二千語の単語を覚えないといけないともいう。

子どもが学校に入って国語教育を受けるのは、イタリアは二年、ドイツは三年、長いほうのイギリスでも五年であり、それで一通りの読み書きができる。日本は義務教育で九年日本語を学習しても、まだ満足に新聞も読めないし文章もうまく書けない。

植民地での日本語

一八九四、九五（明治二十七、二十八）年の日清戦争の結果、日本は台湾を領有した。以前、台湾を訪れた時のこと、どこかの歴史資料館で昭和初期、台湾で使われていた日本語の教科書を見たことがある。それはなんと、現在われわれが使っているのとほぼ同様の仮名遣いで書かれていた。

植民地当時からやはり、日本語を学習するためには、歴史的仮名遣いは難しいという認識と、現代仮名遣いふうに書いたのを学んでも日本語使用上支障にならない、という認識があったようだ。日本での改革は、敗戦という現実を踏まえて初めて実現したのに、海外植民地のほうが先行していたというのは皮肉なことである。

さらに、太平洋戦争でかつて欧米の植民地であった東南アジアを占領すると、そこに日本語を広めていかなければならなかった。この「国語の進出」のために、日本語の書き言葉をもっと簡単にする必要があった。そこで、日本ではまだ使われていない台湾同様の「新」仮名遣いが占領地でも使われた。

このように、国語は簡単なものにしなければならないという主張に対し、当時は「日本語を易しくしますから学んでください、というような卑屈な態度でどうするか。南方の人たちが学ぶかどうかを左右するのは、日本語の難易ではない。日本の国力だ」という反対論もあった。しかし、外国人が日本語を覚えるには発音通りのほうがいいというのは明らかである。

発展途上国の根性

留学生について思い出すのは、私が大学で教壇に立っていた時、留学生も理解しやすいようにと思って、一年生の初めのころは、少しゆっくりしゃべり、板書も多くするように心掛けていた。ところが一年も終わりごろになると、留学生のほうから「先生、普通に話しても大丈夫です。十分理解できますから」と言われ、その勉強熱心さと上達の早さに驚いたことがある。三年生になると、かなりの留学生は日本語の書き取りでも日本人より優秀な成績をとるようになり、何か日本の将来が思いやられる気がした。

少し余談になるが、留学生についてこれまでに見聞したことを時代を通して見ると、豊かさと根性との間には何か大きな関連がありそうな気がする。私が中学時代の一九五〇年代（昭和二十年代）、アメリカの大学で成績優秀な学生は日本から来た留学生だといわれていた。そのころ、国内の日本人は敗戦の廃虚の中から立ち上がろうとして、みな必死で働いた。学問を志す若い人は夜学に通ったりアルバイトをしたりして、一生懸命勉強していた。

その中で、ごくわずかだが、幸いにアメリカからガリオアやエロアの基金をもらって、アメリカに留学できる人がいた。一般の日本人にとっては夢のような話である。留学できた人たちはアメリカで必死に勉強したと聞く。そこから日本人は優秀といわれるようになったのである。

国内ではその後も、外国からは「働きバチ」とか「ニワトリ小屋のような家」で生活しているといわれながらも懸命に働いた。敗戦後、最低生活を強いられてきたが、二十年ぐらいたったころには、高度成長で日本国民の生活はかなり楽になってきた。よく「人間貧しければ根性が出る」といわれるが、日本が豊かになったころから、アメリカに留学している日本人はあまり勉強しないといわれるようになってきた。これは日本で勉強する学生も同じだった。このころになると、アメリカで優秀な学生は韓国からの留学生であるという言葉が聞かれた。

時代は移り日本はさらに豊かさを増し、韓国も「漢江《ハンガン》の奇跡」といわれる高度経済成長を成し遂げ、豊かさを手にしてきた。二十世紀も終わりごろから、日本からアメリカへはかなりの数の私費留学生が行くようになった。その中には、現地の人から、遊びに来たのか勉強に来たのか分からない、といわれる人も出てきた。韓国からの留学生もこのころになると、以前ほど優秀ではなくなった。今度は、アメリカでは中国からの留学生が優秀だといわれるようになってきた。

近年、世界的な景気停滞にもかかわらず、中国は驚異的な経済成長を遂げている。最近ではインドやベトナム、インドネシアからの留学生も優秀だという話が聞こえてくるようになった。二〇〇九年のTOEFLの日本人の平均点はアジア各国の最下位に近い。やはり昔からいわれるように、貧しいと根性が出てきて頑張るのだろう。

資源のない日本は、これからますます国際化する世界で、激烈な競争にさらされながら、その中で生き延びていかなければならないというのに。

日本語はこんなに難しい

日本語は世界の公用語の中では一番難しいといわれる言語である。思いついたものを列挙してみる。

- 文字には漢字、平仮名、片仮名、アラビア数字、それにローマ字まで使う。
- 表記法では、漢字、平仮名、片仮名の使い分けがある。
- 漢字には仮名遣い、送り仮名などの問題がある。
- 漢字の字体には、旧字体、新字体のほか俗字などの異体字がある。
- 漢字の読みには音と訓があり、一字が複数の読みを持つ。
- 漢字が熟語になると重箱読みや湯桶読み、当て字もある。
- 日常使用される語に同音異義語や同訓異字語が多い。
- 語彙が諸外国語に比べて極端に多い。

- 動詞、形容詞、形容動詞の語尾が活用して変化する。
- 助詞「は」、「を」、「へ」の使い方が発音通りではないので、一部紛らわしい。
- 「じ」と「ぢ」、「ず」と「づ」の使い分けが難しい。
- 助数詞の種類が多い。
- 外来語が多い。
- 敬語が難しい。

日本語の難しい理由をこんなに多く思い付く。結局、日本語は漢字の本家中国より、うんと複雑な言語になった。これでは日本人のみならず外国人が日本語を学ぶのは難しいわけである。

同音異義語と同訓異字語

日本語は漢字を使うため、日常語の中にもおびただしい数の同音異義語ができた。意味が大きく異なればまだ使い分けしやすいが、似通ったのは書くのも聞くのも非常に紛らわしい。例えば、「不要」と「不用」、「食糧」と「食料」、「資料」と「史料」、「法令」と「法例」、「排水」と「廃水」、「未到」と「未踏」などいくつでもある。

本家中国ではそれぞれ発音が違うし発音の数も五声あるので、間違えることはほとんどない。中国から漢字を導入したことで、中国にはない数の同音異義語が生まれることになった。

それと、日本語では同じ読みなのに、意味の微妙な違いによって、漢字を書き分けなければならない同訓異字がある。

「かえる」でも「変える」、「換える」、「替える」、「代える」などがある。

中国語学者の高島俊男はその著『漢字と日本人』（四六〜八八ページ）の中で、同訓異字について興味深い内容を記しているので、その部分を抜粋させてもらう。

よくわたしにこういう質問の手紙をよこす人がある。「とる」という語には、「取る」「採る」「捕る」「執る」「摂る」「撮る」などがあるが、どうつかいわければよいか、教えてください。あるいは、「はかる」には、「計る」「図る」「量る」「測る」などがあるが、どうつかいわけるのか教えてください。

わたしはこういう手紙を受けとるたびに、強い不快感をおぼえる。（中略）「とる」というのは日本語（和語）である。その意味は一つである。日本人が日本語で話をする際に「とる」という語は、書く際にもすべて「とる」と書けばよいのである。漢字で書きわけるなどは不要であり、ナンセンスである。「はかる」もおなじ。その他の語ももちろんおなじ。（中略）

英語の take は take であって、それがそのばあい漢語の何という語に相当しようと頓着することはちっともないにきまっている。日本語のばあいだっておなじである。純粋の日本語を書く時まで、ここは中国人だったら何という動詞をあてるだろう、と頭を悩ます必要なぞさらさらないのである

私もそれまで同じようなことをずっと考えてきたが、この本を読むまでは、専門家から見れば相手にされない考えかもしれないと思っていた。これを読んだ時、私も意を強く持ったことは確かである。

外来語

これまで日本語の難しさとして漢字と仮名を取り上げてきたが、もう一つ外来語の問題がある。かつては、漢字を使うことで中国の進んだ文化を取り入れ、日本語の進歩にも大きな影響を与えてきた。しかし、複雑な表記法が生じたことから、学習し使用するのにいろいろ不都合な面も出てきた。

第二次世界大戦以後、特に最近は外来語が急激に日本語の中で多用されるようになった。欧米から新たに入ってくるファッション関連の用語だけでなく、従来から日本にあって立派に日本語があり、これまで使い慣れてきた語まで外来語を使用することも多い。デパートへ行けば各階の展示品はすべて片仮名語である。日常語でも、例えば「開店」は「オープン」

に変わり、「介護」は「ケア」、「床」は「フロア」などと変わってしまった。日本語で十分に間に合う語を外来語で書き表すのが過ぎると、日本人同士でも意思疎通がしにくくなる。このようなことにならないような外来語の使用でありたいと思う。

最近は政治、経済の分野まで浸透し、見慣れない語が多くなった。政府の各種白書によく新外来語が現れる。その上、コンピューターの普及で情報技術の用語がますます増える一方である。私が日常使っている小さな『カタカナ語辞典』に採用されている項目数は四万五千ある。さらに、アルファベット略語が七五〇〇付いている。

言語に対して誇り高いフランスでは、かつて、ドゴール大統領が外来語の侵入を大きく制限したこともあった。もともとフランス語は外来語を非常に取り込みにくい言語だとされている。それに比べて日本語は文章そのものが助詞でつながっており、外来語を取り込みやすい言語である。さらに、漢字表記が難しいことから、外来語が侵入しやすい面があるといえる。

これまで日本は、外来語に対して制限を加えようとはせず、成り行きに任せてきた。国としても最近、国立国語研究所の外来語委員会で、外来語の言い換え語を提案して、不要な外来語を使用しないよう働きかけているが、それを使う日本人がその気にならないので、功を奏しているとはいえない。

外来語はしゃれた言葉であるとか、外来語を使うと博識であるというイメージを抱く人が多い。従って、何か新規なものの広告だとか個人の表現にもよく使われる。そのことが、日本語に十分置き換えできる言葉を、外来語として氾濫《はんらん》させている。日本は今や世界で最高の品質を造りだす先進国である。いつまでも西欧を崇拝する意識はそろそろ捨てるべきであろう。

　成り行き任せで外来語をこのまま取り入れていけば、遠い将来のいつの日にか、日本語は外来語に占領され、片仮名語の間に助詞があるような言語にならなければいいが。それで日本語が豊かになったなどと言えるものではない。

　確かに、日進月歩の今日、情報技術だけでなく各分野で新語が増えている。新しい概念の語は漢字に置き換えてもなじみがないし、分かりづらいということもある。そのような語をそのまま外来語として日本語に取り入れるのは問題ないと思う。特に、専門用語にはそんな語が多い。

　ローマ字の熟語もほかの日本語と同様に、普通の文章の中で使われている。新聞などではＩＭＦ（国際通貨基金）とか、ＥＵ（欧州連合）などのように、（）の中に日本語訳を入れることもあるが、ＤＶＤ、ＣＡＴＶなどは、略語のまま使われる。中には、ＪＲ、ＪＡ、ＪＴＢ、ＪＣＢ、ＪＡＬ、ＪＡＳなど、混乱しそうな企業名や通称名も多い。

　このように見てくると、日本語が何と難しいかということが分かる。グローバル化した現在、日本語を外国人にも学びやすいように、少しでも簡素化すべきであろう。

第4章　漢字圏の言語表記

漢字に関しては日本だけが問題を抱えているわけではない。漢字圏の国は漢字にどのように向き合ってきたのであろうか。漢字の本家中国のことはよく知られているので簡単にして、ここでは主に、韓国と国外に在住する朝鮮民族、それとベトナムについて述べてみたい。

中国語圏

中国（中華人民共和国）では、従来、人名用漢字に制限はなかった。国際標準化機構（ISO）の国際文字作りに参加し、二〇〇〇年時点で文字コードの漢字数は二万七千字ある。その数はパソコンに搭載されている日本の一万余りと比べれば多いが、中国でもこの漢字数では人名はカバーしきれない。

二〇〇四年から数年がかりで、人名用漢字の制限も検討されている。約一万二千字の「規範漢字表」が出来上がるという。人名もここから選ぶことになる。中国では現在、漢字の字画を少なくした「簡体字」を使用している。古くから使われてきた字体は「繁体字」と呼ばれる。外国人が学ぶ中国語は簡体字で、国連でも簡体字が使われている。

二〇〇二年から「異形詞」の整理を始めたという。異形詞とは同じ発音で同じ意味の語句のことで、これを一つに統一しようというものである。例えば、「紀念」と「記念」は、両語とも「チーニエン」で、発音も意味も同じなので、これを「紀念」に統一する。日本語の「元来」にあたる語には「原来」と「元来」があるが、これも「ユエンライ」で、発音も意味も同じだから「原来」にするというようなものである。これが可能であるなら、日本の異体字特に俗字は常用漢字の字体に統一してもいいのではないかと思われる。


一方、台湾（中華民国）では旧来のまま「繁体字」が使われている。だが、ここでは「繁体字」と呼ぶのは不正確で、数千年来使われてきたこの字こそ「正体字」だと言っている。現在、繁体字は香港や韓国でも使われている。韓国では繁字体と言わず、韓文漢字と呼んでいる。

香港は、一九九七年にイギリスから返還されてから五十年間は、国の制度を変えないという一国二制度を採用した。繁体字の使用もそのまま続いているが、中国との関係が深まるにつれ、少しずつ簡体字も浸透してきた。

中国人にも読めない漢字がある。それは日本で作られた国字で、日本的風土の中で生まれた字が多く、その中には「辻」、「畑」などのように日本人の名字に使われているものも多い。

韓国では、日本人の名前を日本語読みするが、中国では漢字を中国語読みする。中国にない漢字は、大概その漢字の音を表す部分を中国語で読むという。例えば、「辻」の読みは「十」を中国語で「シー」と読むので、「辻」も「十」と同じ音で「シー」と読む。

韓国と北朝鮮

朝鮮半島は日本と同じ漢字圏であるが、外国の影響が大きく、日本とは違った形で漢字を取り入れてきた。ここでは、韓国と北朝鮮が漢字にどう対応してきたのか、日本の隣国でもあるので歴史を振り返りながら述べてみたい。

- 四世紀、朝鮮半島は高句麗と新羅、百済の三国時代となった。
- 七世紀、新羅が朝鮮半島を統一した。
- 十世紀、台頭してきた高麗が勢力を広げて新羅を滅ぼし、朝鮮半島を統一した。
- 十三世紀、中国の元から侵略を受け属国となった。元は一二七四年と一二八一年、日本にも襲来し、高麗人はその先兵となった。

幼少のころ私が泣いていると、祖母から「そんなに泣いてるとコクリさんが来るよ」とよく言われた。そのころは「コクリさん」とは何か恐ろしい鬼のようなものかなと思っていた。後で歴史を知れば「ムクリ、コクリの鬼が来る」と書いた文献があることを知り、あの時、祖母が「コクリさん」と言って恐れさせていたのは、蒙古襲来の時侵攻してきた高麗人だと分かった。「ムクリ」は蒙古、「コクリ」は七世紀ごろまで中国東北部から朝鮮半島まで支配した高句麗のことで、当時の高麗である。北部九州では、七百年近くたった今でも、あの時のことがそういう言葉で伝えられるほど恐れられていたのだなと思った。

- 十四世紀末、元の衰退によって、李氏朝鮮が朝鮮半島を統一した。
- 一九一〇年、ロシアの南下を恐れた日本は、強引に朝鮮半島を併合した。
- 一九四五年、日本の敗戦で朝鮮半島は三十八度線で南北に分離した。
- 一九四八年、南北朝鮮は分離したまま、それぞれ独立した。

韓国（大韓民国）は人口四九〇〇万人。当初、仏教が伝来し広まったが、そのうち儒教が入ってきた。王朝の奨励もあり儒教は広く普及した。第二次世界大戦後はアメリカの影響が強くなり、キリスト教が急速に広まっている。同時に、アメリカへ移住する韓国人が増え、現在二百万人にも達するという。

仏教やキリスト教を信仰している人にも、儒教の思想は深く浸透している。韓国が今ほど豊かになる前になるが、私がソウルに行った時、知人が車を持っていたので、彼はサラリーマンなのに車がよく買えたなと思って聞いたら、自分が買ったのではなく弟からもらったという。医者の弟が車を買うことになり、弟が兄より先に車を買うわけにはいかないと言って、先に自分に買ってくれたのだという。それで、弟にすごく感謝しているのかというと、そうでもなく当然のことだという感じであったので、儒教思想の浸透に驚いたことがある。

高度成長と都市化の後は、そのような思想もだいぶ薄れてきたようだが、今でも、親や兄の前では絶対にタバコを吸わない、などの習慣はかなり強く残っている。

韓国では、文字を使い始めたころから、漢字が正式の書き言葉であった。日常語として漢字は二五％を占めるだけであるが、辞書の語彙では七〇％に達するほど漢語の影響が大きい。韓国語の漢字の発音は、十一世紀の北方漢語の音を主体とするので、現在の中国語の漢字の読みとは違っている。だが、日本の漢字の音は七〜八世紀に、中国の唐都の音を主に取り入れたので、韓国語の音のほうが日本語の音より現在の中国語の発音に近い。

朝鮮半島には固有の書き言葉としてハングルがある。ハングルは一四四三年、李氏朝鮮の世宗王のもとで作られた表音文字である。一四四六年に『訓民正音』という本で公布された。母音字と子音字を組み合わせて表記するもので、当時、漢字を読み書きできない人のために工夫して作られた。

ほとんどが母音と子音を横に二字組み合わせて文章を作るが、三個、四個の字母を縦や横に組み合わせたものもあり、日本語を仮名で書くのとは随分違う。ハングルは当初「女文字」と呼ばれ、漢字が「男文字」や「真書」といわれて、ハングルは漢字より一段低く扱われた。これは、日本で仮名ができた時、漢字を「本字」や「真字」、「真名《まな》」と言い、正式な文書には漢字を使用し、仮名を仮の字であるとして「仮名」と言ったり「女文字」と言って、卑しめたのとよく似ている。

朝鮮半島でも、かつては「漢字でなければ文字ではない」と主張する保守的な官人や学者たちの猛烈な反対に阻まれて、ハングルは日本の仮名に匹敵するような地位をなかなか獲得するには至らなかった。当時、ハングルの名称自体が、「通俗の文字」という意味の「諺文《オンモン》」と呼ばれたが、戦後になって「おおいなる文字」という意味の「ハングル」に改めた。日本の「訓読」にあたる漢字の読みは、ついに作られることなく現在に至っている。

朝鮮半島は一九一〇年から日本の植民地となり、敗戦の一九四五年まで、公の場では日本語の使用を強制された。日本の統治から解放された後、南朝鮮は一九四八年、韓国（大韓民国）として独立宣言をすると、その二カ月後の十月九日にハングル専用法を制定し、その日を「ハングルの日」とした。しかし、専用法には「当分の間、漢字を使用することができる」という但し書きがあった。それまで、書き言葉は漢字を中心にしていたので、一気にハングル化することによる混乱を避けるためである。

その後一九六三年、軍事政権から大統領になった朴正熙《パクチヨンヒ》にとっては、まだ識字率の低かった国民に、韓国語を誰にでも読めるようにしたかった。そのために、ハングル化することで教育を普及させ、朴政権の強化につなげるという意図もあった。

韓国語は、日本語と同じく語彙に多くの漢語を取り入れている。当初、漢字世代として育った人は、ハングルだけの表記では同音異義語があまりにも多いため、理解しづらいとみられていた。実際、新聞などでは以前は少なくとも見出しには漢字を使った。一九六八年から次のような理由でハングル化を強力に進めた。

①　日本の植民地時代の日本語教育への反発
②　独立後の漢字識字率の低さ
③　タイプライターで漢字を打つのは技術的に困難

こうして、小・中・高校の教科書から漢字が消えた。

ハングル書きに決まった後も、人文、社会、自然科学の学術用語などでは、意味が混乱して文化の発展にも支障をきたし、ひいては経済発展も遅れてしまうという危惧があった。このため、知識層が増えていけば、いずれは漢字を多用するようになるという見方もあった。実際に、知識人を中心に漢字教育復活論が起こってきた。

ここで、ハングル専用論者と漢字併用論者の激しい争いが続き、漢字政策もかなり揺れた。ハングル専用論者が「ハングルこそが中華文明からの独立を意味する」と言えば、漢字併用論者は「韓国はこれまで文化的歴史的な営みが漢字を使うことでなされてきたので、漢字を捨ててしまったら真の民族性は発揮できない」と主張した。

やがて、漢字を復活させることになり、一九七〇年、中学、高校で漢文を習うために教育用基礎漢字一八〇〇字が決まった。だが、漢文は必須科目ではなく、その後も若者の漢字離れが続いた。二〇〇四年十二月、盧泰愚《ノテウ》政権は、法律に残っている漢字を原則としてハングルで表記するよう閣議決定した。

現在、学校で漢字を習いはするが、漢字を覚えるより英語や数学を勉強するのに時間を割くので、大学生でも漢字の読み書きがほとんどできない人が多い。最近では若者が書く韓国語に漢字はまず見られない。私が韓国から受け取った手紙は、年配の人からのものには漢字が書いてあるが、数人の韓国の学生から受け取った手紙には、漢字が一字も見あたらなかった。漢字を理解する世代はだんだん少なくなっている。

二〇〇七年三月、韓国の成均館大学で自分の氏名を漢字で書けなかった新入生は、三八四人中七十八人いたという。今はハングルの世界である。子どもの命名には漢字かハングルを選んで、どちらかを使用する。一九九一年、日本同様に人名用漢字四七九四字が初めて制定された。その後何回か追加され、現在、五一五一字ある。戸籍には漢字で記載されている人でも、日常生活ではハングルで名刺を作る。最近では両親とも漢字が読めないため、ハングルで名付けをする人も多くなった。

現在、新聞も見出しまですべてハングルで表記されるようになり、その上、横書きになった。ハングル世代の若い人は、ハングルだけの世界に全く不自由を感じないという。それより、便利なハングルを民族の誇りと思っている。

韓国はほとんどハングルだけの表記で「漢江《ハンガン》の奇跡」を経て、今や世界の先進国入りを果たそうとしている。街の看板もハングルで埋め尽くされ、漢字を見かけることはまずなくなった。もうハングルを完全に捨てたかのように思われていたが、このところ少し様子が変わってきている。漢字を習う子どもが増えてきたのだ。

しかしそれは、ハングルだけの表記では意味が取りにくい、ということではない。韓国内だけであれば漢字の必要性は感じられないという。だが近年、韓国経済が停滞し、発展途上国の中国が躍進してきた。これから中国市場がますます拡大すると、中国との関係が密になってくる。そうすれば漢字の必要性は避けられない。それに、日本との関係も深めていかなければならない。

このため、大企業では入社試験に漢字を出題するところが多くなった。漢字をマスターしていれば、将来、就職や仕事の面で有利になるということで、むしろ親が子どもに漢字を習わせている。その親は漢字をほとんど知らない世代である。

朝鮮半島の名字は二八五とされており、そのうち、金、朴、李の三姓が全体の四三・五％、それに崔を加えて四つの姓で人口の半分以上を占める。ちなみに、日本の名字は十四万とされており、そのうち多いほうから四位までの佐藤、鈴木、高橋、田中の四姓合わせても六五五万で、人口比では〇・五％にも満たない

韓国人は多人数の中で名前を呼ぶ時など混乱するのではないかと思い、韓国で聞いてみたことがある。そうした場合、間違えないように、必ず名字と名前を一緒にして呼ぶということ

とであった。それでも、氏名ともに同じ発音の人がかなりの数になり、大勢の中では間違いやすいのではないかと重ねて尋ねたら、漢字で書くことの難しさよりも、ハングルにしてその煩わしさから逃れたほうがいいと言う。

韓国語は氏名ともにハングル書きであるが、ローマ字圏のように文頭や固有名詞を大きな文字で書き始めたりはしない。日本語の場合と違うのは、ほとんどの文章は離し書きであり、固有名詞は大概その前と次の単語の間を離して書く。日本の五十音図に相当するものを「反切本文」といい、基本子音と基本母音との組み合わせからなる一四〇個が基本文字となっている。

この点、日本語は五十音節だけである。五十音といっても「い」、「え」、「う」はダブっており、「ゐ」と「ゑ」は現在使われなくなった。はねる字の「ん」を入れても実際の数は四十六音節しかない。従って、ハングルは日本語を仮名書きするのとは違い、日本の三倍近い文字から成り立っている。それを二個、三個、四個組み合わせて文字を作るので、日本語で仮名書きするのより、それだけ読みやすく分かりやすいことになる。

一方北朝鮮は、一九四八年、朝鮮民主主義人民共和国として独立した。人口は一九九三年に二三〇〇万人であった。その後の統計は聞かないが、この十年以上は飢饉などの影響で人口が増えていないという。

北朝鮮も韓国と似たような状況があった。独立後は漢字を全く使わず、すべてハングル書きである。ここでも、共産主義社会思想を広く国民に浸透させるために、当時、文盲の多かった国民に早く読み書きを普及させるのが課題だった。そのためすべての書き言葉をハングルで書くようにした。最近、中学校以降では学校で漢字を少し教えているともいう。ハングルだけでは困難になってきたのか、それとも中国などとの関係によるものだろうか。

植民地時代、日本は北には鴨緑江に巨大水力発電の水豊発電所を造るなどして、工業開発に重点を置いた。南は平地が多いので農業中心にした。戦後、北はソ連の影響下で社会主義国となり、南はアメリカの影響下で資本主義国となった。当初は工業力を持つ北のほうが成長したが、そのうち停滞してしまった。現在は南北の経済力に大きな差ができて、北では食料不足や貧困にあえぐ様子がたびたび報道されるようになった。

他国に住む朝鮮民族

朝鮮半島に住む韓国・朝鮮人以外に、朝鮮民族の住む地域は日本やロシア、アメリカのほか中央アジアにまで及んでいる。どうしてこのように広範囲な地方に住むようになったのだろうか。まずここで、「朝鮮民族」という言葉をなぜ使ったかを説明したい。朝鮮半島の民族は、第二次世界大戦まで「朝鮮人」と呼ばれていた。また、彼ら自身も自分たちのことを「朝鮮人」と言っていた。ところが戦後は、彼らのほうから「朝鮮人という言葉は戦争中に日本人が自分たちを蔑視する言葉として使った」として好まなくなった。戦後、南朝鮮は「韓国」として独立したので、今では「韓国人」というようになった。

ところが、北朝鮮は朝鮮民主主義共和国として独立したので、北朝鮮に住む人を韓国人と呼ぶわけにはいかない。それで「朝鮮人」と言ったり、「北朝鮮人」と言ったりしている。南北同時に言う場合は「韓国・朝鮮人」とか「朝鮮半島出身者」とか言っている。最近は、コリアンという人も増えてきた。英語の「コリア」(Korea) は朝鮮半島の十世紀から十三世紀までの国名である「高麗」に由来するといわれる。

朝鮮半島に住む人をいうのはそれでいいが、半島以外の場所に住む人の呼び名に困る。そこで「朝鮮民族」という言葉が使われることが多い。「○○に住む朝鮮人」といわれることもある。ところが、中国では少数民族を呼ぶ場合の統一呼称として、「△△族」といっている。このため、朝鮮民族は中国では「朝鮮族」と呼ばれているので、この本でも中国に住む朝鮮民族を「朝鮮族」と呼んだ。

ロシアでは朝鮮民族のことを「高麗人」と呼んでいる。だが、日本ではあまり一般化した言葉ではないので分かりづらいだろうし、朝鮮民族自身が自分たちのことを「朝鮮人」と呼んでいるので、そう呼ぶことにした。それ以外の国では、「朝鮮民族」とした。

●日本の「韓国・朝鮮人」

在日韓国・朝鮮人については日本ではよく知られているので、彼らが日本に移ってきた経緯だけを簡単に触れたい。一九一〇年、日本は韓国を併合したが、それ以前から朝鮮半島南部から職を求めて日本に来る人がかなりいた。ことに、南部は農業地帯だったので、凶作が襲った後などに多かった。

日韓併合後、日本は朝鮮半島の土地を安く買ったり、土地調査をして登記のない土地を強制的に取り上げたりした。土地を失った農民たちは職を求めて日本に移住する者が多かった。一九三〇年ごろには三十万人の朝鮮半島出身者が日本に住んでいたという。日中戦争当時は、労務者の募集に応じて日本に来ていたが、太平洋戦争末期の一九四四年には、朝鮮半島にも国民徴用令をしいて、労働者として日本へ強制的に徴用した。

戦後、かなりの人が朝鮮半島へ帰って行った。帰国しないで日本に残った人たちも生活は苦しかった。日本人から差別されるとも言っていた。一九五八年、北朝鮮は在日朝鮮人総連合会を通じて、「北朝鮮は地上の楽園」という触れ込みで、北朝鮮への帰還運動を推進した。日本に住んでいる人はほとんど韓国（南朝鮮）出身であるが、北朝鮮の誘いで移住して行った。

この北への帰還は毎年続いたが、そのうち、帰国者からこっそりと北朝鮮の待遇の悪さと強制収容所のような実情が日本に伝えられるようになった。その後は帰国者が激減し、一九八三年、帰国者がゼロとなったので、帰還作業はなくなった。そして、北朝鮮は「地上の楽園」どころか「地上の地獄」だといわれるようになり、韓国や中国への脱北者の話が後を絶たない。

●中国の「朝鮮族」

中国は漢族と五十五の少数民族からなるとされる。朝鮮族は約二百万人で、チュワン族、満州族などより少なく、十三番目という。朝鮮族は東北地方の吉林省が一番多く約一二〇万人、その中でも北朝鮮との国境にある延辺朝鮮族自治州には八十万人が住む。黒竜江省には四十五万人、遼寧省に二十五万人、内モンゴル自治区に二万人とされる。

中国の東北地方へは一八六〇年代、朝鮮半島の大凶作の後と、一八八五年、中国東北地方への移民禁止が撤廃されたことで、朝鮮半島から急激に移住して行った。二十世紀初頭には、中国東北地方の朝鮮族は十万人といわれた。

一九三二年、日本が中国東北地方に満州国を建てると、満州開発のため人口増加を図った。日本が「五族協和」の国造りをするとして満州を新天地と宣伝したことにもよって、日本人のみならず朝鮮半島出身者が激増した。黒竜江省のハルビンやチチハル、吉林省の延吉や吉林、遼寧省の瀋陽や鞍山など、当時東北地方には三百万人の朝鮮半島出身者が住んでいたという。

ところが、日本の敗戦と満州国崩壊や、朝鮮半島が南北とも独立したこともあり、多くの人が帰国した。しかし、百万人がそのまま中国に残留した。中国には現在、吉林省南部に延辺朝鮮族自治州があり、延吉が中心都市である。

私は延辺朝鮮族自治州に関心があったので、二〇〇五年、当時勤めていた大学の夏休みを利用して、一人で延吉を訪れた。福岡からソウル、瀋陽経由で延吉に着いた。延吉の住民はほとんど朝鮮族であり、街では朝鮮語が飛び交い、通りの看板は中国語とその上に小さな字でハングルが併記されていた。ホテルは朝鮮族の経営であったので、ホテルで看板のことを聞いたら、中国側は、看板は中国語の表記にしなければならないというが、それでは朝鮮族には分からないので、中国語のそばに仮名を振るような形でハングルを小さく併記しているのだという。

漢字・ハングル併記の看板が並ぶ延吉市街（2005年）

この都市での朝鮮語が分かりづらかったので、韓国の言葉とこの地方の言葉はかなり違っているようだなと思っていた。外での夕食の後、喫茶店に立ち寄った。そこの女店員はきれいな朝鮮語だったので、いろいろと話を聞くことができた。中国朝鮮族の言葉はソウルを標準語とする韓国語とは少し違っているので、ここでは朝鮮語方言と言っているという。

韓国が経済発展すると、韓国へ出稼ぎに行く朝鮮族の人が増えた。言葉は少し違うが、同じ朝鮮語なのですぐ慣れる。彼女もソウルへは三年ばかり出稼ぎに行ったという。それで聞きやすい朝鮮語を話すわけが分かった。

せっかくソウルで働いていながら、どうして延吉に帰ってきたのかと聞いた。韓国人は中国の朝鮮族に対して優越感を持ち、常に見下すだけでなく冷遇された。今では、多くの中国朝鮮族と韓国人との間に軋轢《あつれき》が生じている。あまりひどいので彼女も帰ってきたという。

翌日、延吉の街を歩いた。街には朝鮮語の放送局や新聞社があり、中国語と朝鮮語を教える延辺大学もある。日本語を教える日本語学校もあったので立ち寄ったら、日本へ留学する学生も多いからと、日本の留学事情を聞かれた。やはり日本に興味を持っている人が多い。

三日目は延吉の郊外へ出て、図們江（朝鮮名・豆満江）に架かる北朝鮮と中国との国境の橋へ行った。中国側からは橋の中央に引かれた国境線まで歩いて行ける。長い橋を中央線に向かって歩いていると、対岸には北朝鮮の警備兵が立っているのがはっきり見える。こちらの中国側の橋の上には朝鮮の民族衣装チマチョゴリを着た女性たちがいっぱいいたが、橋の北朝鮮側には人の姿はない。

橋のちょうど中央にラインが引かれ、中国語と朝鮮語で国境の表示がしてある。チマチョゴリの女性たちは境界線から一歩だけ北朝鮮側へ行き、記念写真を撮っている。やはり、朝鮮族は母国に郷愁を感じるのであろう。一歩出て写真を撮りたいという気持ちにそれが表れている。境界線に立っている中国の警備兵は、歩行者が一歩北朝鮮側に入っても何も警告しない。おそらく彼も朝鮮族であろう。日本人の私にはジーンとくる光景であった。

その後、中国・朝鮮・ロシア三国の国境にあって三国が一望できる防川の展望台へ登った。ここからはロシアと北朝鮮の様子が手に取るように分かる。ここの案内板にも中国語とハングルが書かれていた。

上：中朝国境に架かる図們橋
下：防川の展望台から北朝鮮を望む（2005年）

この付近には、満州国時代の一九三八（昭和十三）年、日本軍とソ連軍が国境に絡んで武力衝突した張鼓峰事件のあった地域がある。近くに何かその痕跡があるはずだと思って、車を運転して案内している朝鮮族の人に聞いたが、そんなものはないと言う。何となくこの事件のことを避けているようにも感じられた。防川の展望台からの帰途、私はたまたま道路横に「張鼓峰事件戦地展覧館」と書いた小さなプレハブの建物を見つけた。ここで無理を言って車を停めてもらった。

中には、事件で日本軍が遺棄した砲や銃、鉄兜《てつかぶと》や水筒など数多くの物が展示してあった。中年の男性が一人ここの管理に当たっている。これらは近くの張鼓峰で自分が探した物で、後世の人がこの事件を忘れないようにと思って個人で展示していると言う。

一通り見終わってから車で帰途についた。この事件は日本が負け戦だったということもあり、日本ではあまり知られていないし、史料もほとんど見つからない。以前から機会があったらこの事件を調べたいと思っていたので、運転手に「来年でもまた来て、この事件だけを調べたいと思う」と言ったら、「それはやめたほうがいい」と言う。理由を聞けば「中国政府がこの事件に触れることを嫌っている。自分もできるだけこの事件のことは話さないようにしている」ということであった。

その翌日、中国と朝鮮側が互いに自国領だと主張する長白山へ登った。中国では長白山と言っているが、韓国・北朝鮮では白頭山と呼ぶ。日本が統治していたころは白頭山と言っていたので、日本ではこの名のほうがよく知られている。朝鮮民族の聖地であり、信仰の対象となっている霊山である。北朝鮮は中国との間でこの山の頂上を国境とすることに納得した

長白山（白頭山）山頂から天池を望む（2005年）

が、韓国は全山自国領だと主張し続けている。

長白山は標高二七四四メートル、頂上からはすぐ下に天池と呼ばれるカルデラ湖が見下ろせる。行ったその日は晴天だったので、頂上からの景観はすばらしく、神秘的でもあった。天池はすぐ下に見えるが、頂上からは行けない。いったん麓《ふもと》へ降りてまた登り直さなければならない。

中国はそこを観光地として開発しようとして、現在は天池へ登るケーブルカーができたと聞くが、私が行った当時は、歩いて険しい道を一時間以上かけて登り、やっと池へ着いた。運転手が「ここはきついのであまり登りたくない」と言ったことも理解できた。

池の前では、チマチョゴリを着た女性たちが天池をバックに盛んにシャッターを切っている。彼女らに「こんな急坂を、これを着て登ってきたのか」と聞いたら、チマチョゴリは手に持って洋服で登ってきたと言う。近くには撮影のための民族衣装の貸衣装屋も店開きしていた。

●ロシアの「朝鮮人」

中国の東北地方に住んでいた朝鮮人の中には、一九三一（昭和六）年、日本が満州を建国すると、日本の弾圧を恐れて、さらに北のロシア極東やシベリアへ移住した人も多かった。第二次世界大戦当時、日本が朝鮮半島を植民地としていたため、スターリンは朝鮮人は日本のスパイになる可能性があるとして、彼らを日本と接点のないソ連領の中央アジアへ強制移住させた。

移住が短兵急であったため、準備もできず行き先も知らされないまま、家畜のように貨車にぎゅうぎゅう詰めにされたため、多くの悲劇が生まれた。途中、渇きと飢えで死ぬ幼児や老人、病人の数はおびただしく、死体を埋葬する場所もなく、地獄絵図そのものの惨状であったという。

着いた所は現在の中央アジア五カ国にわたり、ウズベキスタンやカザフスタンなどであった。移住地は荒野であったが、勤勉な彼らはここで綿花栽培などに携わり、現在では大きな成果をあげている。このような事情から、今も中央アジアには一一〇万人の朝鮮人が住んでいるといわれ、サハリンにも日本の敗戦後に置き去りにされた朝鮮人が四万人以上住んでいる。

一九九〇（平成二）年は、作家のチェーホフが、まだシベリア鉄道もなかった一八九〇年に、モスクワからサハリンまで横断してから、ちょうど百年になる。そこで、百年後の現状を取材したいとしてソ連からやっと許可を取り、やはり、同じコースを三十八日間かけて横断し取材した。だが、本音は当時ソ連で進行していたペレストロイカの実情を知りたかったのである。

取材はソ連崩壊直前であったので、全ルートで物は欠乏し人心も土地も荒廃しており、驚くことばかりだった。シベリアではブリアート人などの先住民が多いと思っていたが、全然見かけない。聞いたところ、先住民はロシア人に追い出されるような形で都会にはほとんど住まず、地方に住んでいるという。

ブラゴベシチェンスクではアムール市場というのがあり、中に入ると市場の一角にキムチを売る店が十軒ばかりあった。どこも家族で商っているようだ。店員の顔立ちから朝鮮人のように見える。ソ連崩壊後、朝鮮半島に少しでも近いということで、この付近には中央アジアから来た朝鮮人が住み着いていると聞いていたので、おそらくその人たちだろうと思った。

彼らがどこからいつ来たかなどを聞こうと思って、店頭の若い女店員に話しかけると、すぐ奥へ引っ込んでしまった。どうしたのかなと思っていたら、奥からその父親と思われる人を連れてきて、その人がにこにこしながら朝鮮語で話しかけてきた。この人たちは中央アジアから来たのではなく、前からシベリアに住んでいる朝鮮系のロシア人であった。話し始めて一分もたたないうちに、モスクワからわれわれの取材にずっと付いてきているロシア人の係官がそれを見て、「すぐ外へ出てください」と言って、追い出されてしまった。取材者が現地の人と直接話すのは禁止されていた。彼は取材の便宜を図るという名目で来ているが、実は、取材を監視するためだというのは誰もが分かっている

取材の最後に、サハリンのユジノサハリンスクへ行った。ここで二日目の取材が終わってホテルへ帰り、夕食前のひととき近くを歩いてみた。ほど遠くない所で、広場を利用して十四、十五人の婦人が花を売っている。東洋人の顔だ。近づいていくと、話し声から朝鮮人であることが分かる。その一人に話しかけてみた。気さくで話好きのようだ。チェさんといった。父親は韓国の京城（現在のソウル）出身で、サハリンを日本が統治している時代にやって来て、パルプ工場に勤めていた。

サハリン・ユジノサハリンスクで花を売る朝鮮人（1990年）

一九四五（昭和二十）年、チェさんが小学校六年生の時、日本の敗戦でロシア人が入ってきた。その後、家族は別れ別れになったが、チェさんはやはり同郷の人と結婚した。製紙工場に勤めていたご主人が二年前に定年になり、ご主人が温室で花を栽培し、彼女がこうやって売っているという。娯楽に乏しく楽しみの少ない社会主義のこの国では、ロシア人たちは部屋の中に花を飾るのが好きで、花は高い値段で売れる。チェさんが突然、「今から私の家に来ませんか」と言った。私もこの人たちの生活の様子を見たかったし、もっと話もしたか

った。だが、当日は別の約束があったので翌日伺うことにした。

日露戦争の結果、樺太（サハリン）の南半分が日本領となってから、日本はこの島の豊かな森林資源や地下資源を利用する産業を興した。太平洋戦争が始まる前は、南樺太には四十万の日本人と朝鮮人が住んでいた。戦争が始まってからは労働力確保のため、募集や強制徴用で南樺太にやって来た朝鮮人は、家族を入れて六万人から八万人に達した。敗戦で日本人三十万人は日本に引き揚げたが、朝鮮人は日本人ではないという理由で、サハリンに置き去りにされた。

チェさんと会った翌日、一人でまた花売り場へ行き、チェさんと一緒にバスに乗った。三十分ほど走って下車して歩いた。同じような家が並んだトタン屋根の二階建てがチェさんの家であった。

中に招き入れられたら、部屋の中はもう朝鮮半島の家そのものである。螺鈿《らでん》の家具や調度品が所狭しと置かれ、床はオンドルで暖かい。部屋の飾りにいたるまで祖国の香りを漂わせていた。夫妻とも親しみのもてる人で、日本のことを盛んに聞きたがる。この家は持ち家かどうかと聞いたら、二人で一生懸命に働いて、前から住んでいた家を国から買い取って補修したと言う。

サハリンの朝鮮人は長い間、一切の民族行為を禁止され、二、三世にはソ連式教育の普及が徹底し、朝鮮語も禁止された。こうした理由で三世になると、朝鮮語の分かる人はほとんどどいないという。

日本の敗戦後、朝鮮人はロシア人に差別され、ひどい生活であった。しかしロシア人にとっても、まじめに働く朝鮮人は労働力として欠くことのできない存在となり、そのうち、少しずつ差別も少なくなってきた。このあたりで家を持っているのは朝鮮人だけで、ロシア人はさぼってばかりで、ろくに仕事もしないだけでなく、もらった給料はウオッカを飲んで、蓄えようとしないという。

この国を作っているロシア人が働かないで、少数民族である朝鮮人が働いて国を支えている。これはどうなっているんだろう。シベリア横断取材の三十日以上にわたり、もう国の体をなしていないロシア国内の実態を各地に見てきたので、帰国後、ソ連邦は三年以内に崩壊すると言ったら、あの大国が崩壊するなんてありえない、と誰も信用しなかった。しかし、その一年二カ月後に崩壊してしまった。

それにしても、チェさん夫妻や花売り場で会った人たちは、自分たちを置き去りにした日本人を憎みもせずに何と親切なことであったろう。スターリン時代の弾圧とロシア人による差別を経験しているだけに、日本の時代を懐かしく思うのであろうか。

ベトナム

現在、ベトナムの言語表記はローマ字である。その意味では次の第5章「アジアのローマ字圏」に入れることもできる。だが、歴史的経緯を踏まえ、この章に入れた。ベトナムは歴史上、度々中国の支配を受けた。漢字も中国の一つの時代に集中して伝来したのではなく、多くの時代で少しずつ入ってきた。このため、ベトナムの漢字については、ベトナムの歴史を振り返りながら見ていくことにしたい。

漢の支配下にあったベトナムは、十世紀の終わりに、ベトナムの黎桓《レホアン》将軍が北宋の遠征軍を破ってから、漢人は直接支配をあきらめ冊封《さくほう》支配に切り替えた。十一世紀には李公蘊《ロイコンウアン》が大《ダイ》羅《ラ》に李王朝をたてて、ベトナムは完全に中国の直接支配を断ち切ることができた。

ここで、李王朝は自ら進んで中国の官僚制度とその理念を取り入れ、以後四代にわたって漢文化の吸収が盛んに行われた。従って、ベトナムの漢字音のうち主なものは、この時代に移入された中世的漢語であり、これは「ベトナム漢字音」と呼ばれる。その後も十二世紀の終わりに、日本でも蒙古襲来として知られる元から三度にわたって侵攻されたが、ベトナム人はそれに激しい攻撃を加えて、その都度、元の野望をくじかせた。

李王朝に続いて陳王朝では、ベトナム人自身が漢字で書いた書物も作られた。このころ、ベトナムの民族文字であるチュノム（字喃）が考案された。現存するものでは、一三四三年のが最古とされる。チュノムはやがて実用化され、それを使ってベトナム固有の詩や口承文芸を書き表すようになった。

日本の片仮名や平仮名は漢字の草書体を利用したり、字画の一部から取り出したりして、漢字を極力簡素化して作られた。チュノムは漢字を複合させたり音をとったりして作り、ほとんどは漢字より逆に筆画が多い。藤堂明保著『漢字とその文化圏』(二四六〜五一ページ)によると、チュノムの造字法は、ほぼ四種類からなる。

① 漢字を使うが、その字音を利用してベトナム語を表す。日本の『古事記』のような方法

例　数字の一は「没《モット》」、兄は「英《アイン》」など。

② ベトナム語音と同じ音を持つ漢字に、ベトナム語と同じ意味の漢字を添えた形声文字

例　数字の二は「𠄩《ハイ》」、年は「𢆥《ナム》」など。

③ 漢字を組み合わせた会意文字

例　空は「𡗶《ジオイ》」、正月は「𦘭《ジエン》」など。

④ 音を表す部分が漢字音でなく、その意味のベトナム語音によるもの

例　広い田は「𤳸《ズオン》」などからなる。

チュノムは「南の文字」という意味で、使い方は日本の「漢字仮名交じり文」のように、漢語は漢字で書き、ベトナム固有の言葉はチュノムで表記した。しかし、実用的な意味ではチュノムはあまりにも複雑すぎたため、次第に衰退していった。

その後、明の永楽帝は大軍を送って、一四一四年、東部の河内《ハノイ》と清化《タンホア》を占領し、四百年ぶりに漢人が直接支配した。やがて、ベトナムの黎利《レロイ》が明に対して反乱を起こし、十年にわた

る苦戦の末、明軍を撃退して一四二八年、後期黎王朝をたてた。この王朝は百年間続いた。一六四四年、中国の明が滅亡すると、十七、十八世紀には明の遺臣でベトナムに亡命する者が多く、ベトナムの漢字は民間にいたるまで広まっていく。十八世紀末にはチュノムの訳注を付けた漢籍が刊行された。

少しさかのぼって、十七世紀にベトナムに渡来したポルトガル人宣教師がベトナム語をローマ字でつづることを考案した。一八八五年に、フランスがベトナムを植民地として支配すると、それまでの漢字や民族文字のチュノムに代え、このローマ字つづりが正書法として採用された。

古い寺院に残るベトナムの漢字（2008年）

それ以降、ベトナム固有の言葉も中国から入ってきた漢字も、すべてローマ字つづりに変えて、国語として表記された。このため、漢字やチュノムは衰退することになる。これは、植民地となっていわばフランスに押し付けられたようなものだったが、独立した今日でもこの表記法は変わっていない。固有名詞も欧米のローマ字圏と同様に大文字で書き始める。

今日、古典の研究や仏教界など特定の分野以外では、漢字やチュノムが日常的に使われることはなくなった。だが、かつては漢字文化圏であったため、漢語に由来する語が全体の語彙《ごい》の六〇%を占める。このため、ローマ字を使用するようになってからも議論が起こっている。

研究者レベルの人たちが「漢字は漢語語彙の古典を理解する上で必要ではないか」と言えば、一方では、「漢語語彙の乱用はベトナム語の純粋性を乱す」とも言う。一九八八年には、「漢字・チュノム遺産の管理・収集・研究者養成に関する総合プロジェクト」が設立された。

ベトナムに行って現地の人に聞いたら、年配の人は漢字やチュノムを少し知っていたが、若い人は漢字もチュノムも全く理解できない、今さら覚える気もないので漢字はないほうがいいとも言う。漢字がなければベトナム語の語彙が理解しにくいのではないかと聞いても、生まれた時からローマ字だけでやってきたので不自由は感じないという。

日本に来ているベトナムの留学生に聞いても、もうチュノムは理解できないし、ローマ字つづりのほうが簡単でいいと言う。そして、漢字を使用する日本語は難しくてたまらないが、日本語学習でいったん漢字を覚えたら、ベトナム語の語彙が漢語に由来するものが多いため、ベトナム語の理解にとって役立つと言った。だが、ベトナムにいる人がわざわざ漢字を覚える必要はないとも言った。

われわれがベトナムを訪れる時、古い寺院や王宮の建物などに、わずかに漢字を見ることができる。それ以外では、ここがかつて漢字圏の国だったということをうかがい知ることはできない。

第5章　アジアのローマ字圏

漢字圏以外のアジアの国で、マレーシアやトルコなどいくつかの国が、話し言葉は変えないで表記だけをローマ字に変えた国がある。歴史上、ある民族が他の民族に征服されて、言語をまるまる変えた国は多い。しかし、アジアの国では、なぜ何カ国もが従来の表記を捨てて文字だけをローマ字に変えたのか、植民地下の影響とばかりは言えないところもある。

そして、現状はどうだろうか。前からこのことに興味を抱いていたので、私はその研究者ではないが、暇をみてそれぞれの国を訪れた。各国の表記法の経緯を振り返るとともに、近年の状況を述べてみたい。

マレー語とインドネシア語

マレー語はオーストロネシア語族に属し、インドネシアと文化も言葉もほぼ同じであったが、現在のマレーシアをかつてイギリスが植民地にし、インドネシアをオランダが植民地にしたので、独立する時も別れてしまった。私が知っていたマレーシアの有力者は、両者が一緒に独立するためにいろいろ運動し独立戦争にも参加したが、宗主国の意向と長い間の分断で、思い通りにならなかったと言っていた。植民地になる前は両国とも、アラビア文字をもとに作ったジャウィ文字というのが使われ、イスラム教を信仰していた。

マレーシアは、十五世紀にマラッカ王国が栄えたが、十六世紀にはポルトガルの植民地となり、一八二四年にはイギリスの植民地となった。ここで、イギリスはすべての文字をローマ字に変えさせ、イギリス式の発音で書き表すことにさせた。太平洋戦争中の一九四二年から日本が統治したが、日本の敗戦とともにイギリスが戻ってきて、再びイギリスの植民地となった。

一方、インドネシアでは、十五世紀末にアチェ王国が誕生した。十七世紀初め、オランダがジャワ島のジャカルタを制圧してからオランダの植民地となった。十九世紀末から二十世紀にかけて、オランダはほぼ現在のインドネシア領を植民地にした。ここで、イギリスがマレーシアの文字をローマ字に変えさせたのと同様に、オランダはインドネシアの文字をローマ字に変えさせた。ここではオランダ式の発音に基づいたつづりであった。

太平洋戦争中の一九四二年、日本は現在のマレーシアもインドネシアも占領したが、日本の敗戦で、再びオランダが植民地にするために戻ってきた。それから四年間のインドネシア独立戦争があり、結局、オランダは撤退して、一九四九年にインドネシアは独立した。

独立当時はジャワ語を話す人が一番多かったが、独立と同時にマレー語の一地方の言語を公用語として整備してきた。一九六〇年代、マレーシアとの連邦結成の動きがあったが、インドネシアの独裁者スカルノはそれを断ち、国連から脱退して独自の道を歩みだした。

マレーシアは太平洋戦争後、再びイギリスの植民地となったため、インドネシアより遅れて一九五七年に独立した。

以前、私はマレーシア取材を前に、日本に在住するマレーシア人からマレー語を少し習ったことがあるが、日本語をローマ字書きするように、すべての文字が発音通りに書き表されるので、書くのも読むのも簡単である。発音は日本語同様に子音+母音が多く、子音が続くことは少ない。母音は日本語の五個に比して短母音六個と二重母音三個がある。世界でも簡単な言語だといわれるが、言葉そのものを学ぶとなると、文法など結構複雑なところもある。

マレー語とインドネシア語の発音はほとんど違わなかったが、両国の宗主国の発音通りに表記したので、スペルが少し異なっていた。子音が特に違っていた。戦後、英語が世界語として普及するにつれ、インドネシアも一九七二年、正書法を制定してマレーシア語に近い表記になった。現地の人に聞いても、現在ではマレー語とインドネシア語との間に表記の違いはほとんどないと言う。ただ、単語の語句そのものは異なっているものがある。

モンゴル語

モンゴル人は顔も姿形も日本人とそっくりで、日本人と同じようにお尻に蒙古斑があるので、日本人はモンゴル人には親しみを持っているし、モンゴル人も日本人を大変親しみを持って迎えてくれる。

モンゴル人は十三世紀にフビライが中国の南宋などを倒し、東アジアに大帝国・元を打ち立てた。この影響でいわゆるモンゴル諸語を使う人たちは、かつて統治したユーラシア各地にまで、今も点々と残っている。現在モンゴルで使われているモンゴル語と違ってきているところもあるが、これらもモンゴル諸語としてくくられている。モンゴル語の文字は十三世紀の初め、ウイグル文字をもとに考案したといわれ、縦書きで左から右に表記する。

モンゴル語を話すモンゴル人は、主にゴビ砂漠の北側の外モンゴルと南側の内モンゴルに住む。その他、中国の青海省や新疆の一部にも住んでいる。モンゴル人は中国やロシアなどの影響で、今では外モンゴルはモンゴル国として独立し、内モンゴルは中国の内モンゴル自治区となっている。

モンゴル人の人口は、外モンゴルの二七〇万人に対して、内モンゴルには本国より多い四百万人以上が住んでいる。モンゴル文字への対処法も、本国と中国の一自治区では同じではない。

外モンゴルも内モンゴルも、かつては中国清国の影響下にあったが、一九一一年、辛亥革命が起こり清朝は倒れ、翌一九一二年に孫文が共和制を宣言して中華民国が誕生した。その後も不安定な政局が続いたので、この間隙をぬって外モンゴルは一九二一年、中国から離れて立憲君主制となった。モンゴル民族の呼び方も、全体を指す場合と、外モンゴルに住む人は「モンゴル人」と呼び、現在中国の自治区になっている内モンゴルに住む人は朝鮮族と同様に「モンゴル族」と呼ぶことにする。

国土のほとんどが草原のモンゴル（外モンゴル，2006年）

・外モンゴル

まず、モンゴル国であるが、一九二四年にはソ連（ソビエト社会主義共和国連邦）の影響で、ソ連の衛星国としてモンゴル人民共和国が成立した。一九三〇年代には、文字をソ連の文字と同じでローマ字の一種であるキリル文字に変えた。当時、識字率は一%にも満たなかったが、一九六〇年代には文盲はなくなったとされる。一九九一年、ソ連が崩壊したあと衛星国を離れ、一九九二年に国名をモンゴル人民共和国からモンゴル国と改称した。

モンゴルの英雄として知られるチンギスハンは支配地を広げ、元は十三世紀から十五世紀まで約二百五十年間、現在のモスクワを含むロシア諸侯を間接支配して、今でも「タタールのくびき」

といわれて歴史にその名をとどめている。当時モンゴルから支配されたロシア人によって、モンゴルがソ連の衛星国時代には、チンギスハンは歴史から消されたようになっていたが、衛星国を離れるとまた見直されてきた。特に、二〇〇六年はチンギスハンがモンゴル人を統一してから八百年になるため、チンギスハンはモンゴル人の誇りとして輝いてきた。

このような民族意識の高まりの中で、以前のモンゴル文字の使用が見直されてきている。モンゴル文字の学習も盛んになってきた。二〇〇六年に私が外モンゴルへ行った時は、まだキリル文字の世界であったが、所々モンゴル文字も見られた。今後、民族文字として次第に増えていくことであろう。

モンゴル国（外モンゴル）は一五六・七万平方キロメートルという日本の四倍の面積を持つ国であるが、人口は二〇〇九年現在、二七〇万人で日本の五〇分の一である。そのうちの約四〇％にあたる一〇五万人は、首都のウランバートルに住んでいる。国土は北部の森林地帯と南部の砂漠地帯を除けば、そのほかの所は草原ばかり、首都以外の一六五万のほとんどの人は、この広大な土地に点々と集落を作って住んでいる。首都を一歩出れば見渡す限りの草原で、車で約一時間行ってやっと対向車と出合う状況だった。

草原の中のある町で一泊した時のこと、五人の高校生グループと出会ったので、モンゴルの若い人の話をいろいろ聞くことができた。その中で、「外国へ行くとしたら、一番行きたいのはどこの国ですか」と聞いた。「日本」という答えが返ってくるのを期待していたが、彼らは「韓国です」と言った。二番目は「アメリカ」、三番目がやっと「日本」であった。モンゴルの町には、韓国の商品名の広告や看板をよく見かける。そういう面では、日本のモンゴル進出は出遅れているように思う。

ロシアの影響下を離脱した今、西側の観光客が増えている。ウランバートルの北方にフブスブル湖という湖がある。その近郊は世界に誇れる景観を持ち、有名なリゾート地が形成されており、外国人が多く訪れる。私が行った時も、イギリス人とドイツ人が夏季休暇と言って長期に滞在していた。ところが、湖岸の樹木は勝手に伐採されて、まきとして燃やし、切り株だけが残っていた。一帯の野芝は車のわだちでえぐり取られて、無残な姿をさらしていた。

このすさまじい環境破壊が続けば、復旧に何十年要するか分からない。あるいは、もう元に

上：外モンゴルの地方の町で出会った高校生
下：外モンゴルの荒れたフブスブル湖岸（2006年）

戻らないかもしれない。これは世界的な損失だと思って、帰国後、東京のモンゴル大使館へ写真を添えて手紙を出し、早く対策を打ってほしいと訴えた。

間もなく、モンゴル大使館から来た返事は「いま、モンゴルは貧困から何とか抜け出そうと必死です。フブスブル湖畔のことは大使館でもつかんでいますが、その対策のための金がありません。あの大自然を守るため、できれば世界に援助を訴えていきたい」ということであった。あれから三年余、湖畔は今どうなっているだろうかと気にかかる。

●内モンゴル

一方、内モンゴルには清代のころから漢族が移り住むようになってきた。外モンゴルが独立した時、内モンゴルにも独立運動が起こり、中国に進出した日本の関東軍がそれを支援した。ところが、日本の敗戦で状況は一変、今度は中国共産党の影響のもと中国が領有し、一九四七年、中国の中の自治区の一つとして内モンゴル自治区となった。

第二次世界大戦後、毛沢東の下放政策時代に漢族が急激に移入し、現在は人口の八〇%を漢族が占めている。モンゴル族はかつて草原でゲルに住み、毎年、家畜とともに牧草を求めて転々と移り住んで、牧畜で生計を立てていた。ところが、中国政府はモンゴル族の教育の普及と生活の向上を図るためとして、定住政策を推し進めた。その裏には中国の統治を確かなものにするために、独立の動きを抑える目的があるともいわれる。このため、モンゴル族は都市に移住したり、草原の中に集落を作って定住したりするようになった。

私は二〇〇三年、内モンゴルへも行き、内モンゴルの中心都市フフホトから車で出発し、数日間高原を走り回って、いくつかのモンゴル族のゲルを訪ねた。各ゲルの間は気が遠くなるほど離れており、案内に立った人が道に迷ったほどだった。ゲルの人は遠来の客として気持よく迎えてくれ、泊めてもらうこともできた。草原のすがすがしい環境の中で夜を過ごした。夜中に空を見上げると満天の星で、今にも星が落ちてきそうで怖いという錯覚さえ起こした。

そのゲルにも夏の間だけ家畜を連れてきて寝泊まりし、冬は町に帰るという。ゲルに住んでいたのは夫婦二人だけであった。子ども二人は町の学校の寄宿舎に入っている。以前は現金がなくても生活できたが、今は現金がなければ生活できなくなった、年数回、家畜を売るだけで生計を立てていくのは、子どもの学費と寄宿舎の費用もかかり厳しい、と嘆いていた。

漢族が多く移住してくる以前は、牧草地はいくらでもあった。毎年家畜とともに牧草のある所へ移り住めばよかった。定住政策がとられ、その上漢族が入植して農地として開墾してしまうので、狭められた牧草地の草は家畜が全部食べてしまう。そのうちに生えてこなくなる。今は奥地にゲルを張っているが、少数の家畜しか飼えなくなったという。

確かに、都市近郊の高原はほとんど草の生えていない状況であった。内モンゴルへは外モンゴルより三年早く行った。行く前はモンゴルの大草原を頭に描いていたのに、ちょっとがっかりした。草が生えない所は数年で乾燥化していくので、今度は入植してきた漢族も農業ができなくなっているという。

近年、内モンゴルのモンゴル高原では乾燥化が進み、ゴビ砂漠が年々拡大しており、砂漠は北京にも近づいたというが、そのあたりにも原因の一つがあるような気がした。砂漠化が広がっていることに対して、中国当局はモンゴル族が家畜に草を食べさせてしまうからだと言うが、現地を見ていると必ずしもそうとは言えない状況もあるようだ。

内モンゴルでは、モンゴル族の日常会話は今もほとんどモンゴル語である。モンゴル族の多い所では民族学校がある。小学校では最初、モンゴル語でモンゴル文字を習っているが、並行して中国語も習う。都市では中国語をよく使えるほうが就職やビジネスなどに有利なことから、親が早くから漢族と同じ学校に入れることもある。モンゴル族の学校でも小・中・高と少しずつ中国語による授業が増え、大学は内蒙古大学以外では全部中国語である。

ここでは、すべての面で中国化が進んでいる。この点、同じモンゴル族の住む所でも、モンゴル国となった外モンゴルとは対照的であった。内モンゴルでは、青々とした草原は都市をかなり離れても見られなくなっていた。モンゴル人だけの外モンゴルと、モンゴル族より漢族のほうが多くなった内モンゴルとの違いがあまりにも際立っていた。

モンゴル語は語順が日本語と同じように並んでいる。発音は短母音が七個で日本語より多く、二重母音も五個あるが、日本語の発声法と似ており、日本語の五十音図に近いものもある。日本に留学してきているモンゴル族の人に聞けば、モンゴル語は構文も発声法も日本語と似ており、漢字は中国語学習で習うため、日本語は比較的覚えやすいという。

独立した外モンゴルのモンゴル国の人たちが、一時、モンゴル文字を捨てキリル文字に変えたのに対して、今の時点では皮肉にも、中国の自治共和国の一つになった内モンゴルの人たちが、モンゴル文字を使用しているのである。だが、ここも漢族の浸透が大きくなるにつれて、モンゴル文字は次第に使われなくなっており、やがては中国語にとって代わられることであろう。

トルコ語

トルコはイスラム教を信じトルコ語を話す。かつてはアラビア文字を使用していた。ヨーロッパからは東洋に近いという意味で、「近東」(Near East)と呼ばれている。現在の領土のほとんどはアジアに属するが、ボスポラス海峡を挟んでわずかの地がヨーロッパに属している。

トルコはシリアなどを含めて、二十世紀初めまではオスマントルコ帝国として、北アフリカにまで領土を拡大した。だが、近代化に立ち遅れて第一次世界大戦に敗れ、その後は列強の半植民地にされた。一九二三年、ケマル・パシャ(後のケマル・アタチュルク)将軍がサルタンを倒して権力を握り、初代大統領となって「ヨーロッパに追いつけ」をモットーに、近代化政策を推進した。

敗戦後の国家建て直し政策の柱として、ケマル大統領の強い意志で、長く使ってきたアラビア文字でトルコ語を書くことを捨て、一九二四年、ローマ字によるトルコ語の表記法が採用された。新聞の出版物は最初、発行部数が減ったが、そのうちに文盲が減り、新聞雑誌の発行はうなぎ上りに増えた。

日本は明治に開国するとともに、「西洋に追いつけ追い越せ」を合言葉に西洋文明を取り入れ、アジアの国でありながら脱亜入欧を図った。トルコの現状は何か当時の日本を彷彿《ほうふつ》とさせるものがある。

現在の若い人はアラビア文字で書くことができないという。アラビア文字を捨てたとはいえ、イスラム教の経典『コーラン』はアラビア文字で書かれている。若い人はアラビア語が理解できないため、トルコではコーランをアラビア語からトルコ語に訳し、こんどはアラビア文字を使ってトルコ語で書いている。従って、コーランを読むためにはアラビア文字の「読み方」だけを勉強すればいいので、一週間もかからずに覚えられるという。

いま、ＥＵ加盟を目指してヨーロッパに接近しているが、ＥＵは加盟国すべてがヨーロッパであり、またキリスト教国である。これに対してトルコはイスラム教国で、領土のほとんどがアジアにある。その他、国家財政の問題などもあり、トルコの思惑通りには進んでいない。

物価も高騰を続け、私が行った二〇〇四年には、当時、二千万トルコリラ札まで発行されており、これは日本円の二千円に相当した。ちょっとした買物をするにしても百万トルコリラから千万トルコリラを使った。二〇〇五年にはデノミが実施されたが、実に、百万リラを一リラに変えた。もっとも、かつてドイツでは第一次世界大戦の敗戦で物価は何兆倍にもなったというから、こちらは天文学的数字だ。

トルコで発行されていた2000万トルコリラ（2004年）

関連項・エスペラント

アジアのどこかの国の公用語というわけではないが、エスペラントはローマ字を使う言語で、一時はアジアでも中国をはじめ広く普及したことがある。ちょっと余談になるが、エスペラントについて少し述べてみたい。

エスペラントは、どこかの国や民族が使用している言語をローマ字に変えたわけではない。ローマ字を使う人造語である。世界語といわれたものの中には、かつてはフランス語があり、二十世紀に入ってからは英語が力を持ち、近年、英語は世界共通語とまでいわれるようになってきた。

十九世紀の終わり、まだ国際連盟も国際連合も設立されていなかった帝政ロシア時代、ポーランドのユダヤ系言語学者ザメンホフが、一八八七年、国際共通の補助語としてエスペラントを創案した。ザメンホフは数カ国語に精通していたので、多くの言葉を参考にして作ったのがエスペラントである。

エスペラントは東欧圏を中心に広がっていった。一九六〇年前後には、アジアでは中国などをはじめ日本でも盛んであった。新聞や雑誌などではエスペラントに関する話題も時々掲載されていたし、エスペラントだけを使ってヨーロッパを一周してきた、などという体験談が載ったりした。

エスペラントがどういう言語か私も興味を持ったので、学生時代に大学に設けられていたエスペラント特別講座を受講したことがある。その時、二時間三回の講義だけで講師は「もう教えることはありません。あとは多くの単語を覚えて実際に使用してください」ということであった。

人造語だけに文法が驚くほど単純明快で、一つの例外もない。語尾の不規則な活用もない。単語は多くの言語から採用されたが、エスペラントが創案された当時、世界で広く使われていたフランス語からのものが一番多い。単語には語幹の後に必ず品詞を表す語尾が付く。名詞の語尾には「o」の文字が付き、形容詞には「a」、副詞には「e」が付く。

例えば、「長い」の語幹は「long」で、名詞「長さ」は「longo」、形容詞「長い」は「longa」、副詞「長く」は「longe」という具合である。その他の品詞も同様に決まった語尾を付ければよい。日本語に由来する単語も、純日本的なものには取り入れられている。例えば、「てんぷら」は「tempro」、「日本酒」は「sakeo」、「盆栽」は「bonsajo」となる。

文字は発音通りに書けばよく、発音は当然、文字をそのまま読めばよいということになる。従って、「longo」は「ロンゴ」、「longa」は「ロンガ」、「longe」は「ロンゲ」と読む。

エスペラントの語順は基本的に英仏語と同じであるが、英語にはなくドイツ語にあるような目的格を示す「対語」がある。日本語の助詞「を」に相当する「n」がそうである。これを名詞や代名詞の後に付けて目的格であることを示す。先の「長さ」の「longo」が「長さを」という場合は「longon」とすればよい。ザメンホフは、目的格を示す語があれば、語を強調したい時は、その語を文頭に持ってくればよいし、語順を話者の都合によって変えられる、と考えたのである。

人造語とはいえ、あまりにも簡単に覚えられる言葉である。このエスペラントを知った当時、私はこんなに苦労しないで覚えられ、すぐ使えるようになるエスペラントが世界に普及すれば、世界中の人々が国境を越えて交流できるし、お互いの意思の疎通もできるようになる。どこかの特定の言語ではないので、地球上で常に起こっている覇権国による言語問題も関係なくなってくる。言葉の違う国の相互理解が進めば政治・経済的にも文化的にも大きな進歩だな、と思った。

当然、ザメンホフ自身が世界の人類が平和で国際的な社会を築くために、各国言語の補助語として実用化されることを目的に創案したものである。どこかの国の公用語になるということではなく、国際共通の補助語としてであった。

歴史上、世界ではいわゆる世界語としていくつかの人造語が作られたが、ほとんど机上で考案されたにとどまり、複雑である上にいろいろの欠点があって、実際には使われないままに終わった。エスペラントだけは多くの国々に広がっていった。日本でも早くも一九〇六（明治三十九）年、日本エスペラント協会が設立され、この年、二葉亭四迷が日本で最初のエスペラントの教科書を著した。一九六〇年ごろまでは盛んだった。

エスペラントは第二次世界大戦前や戦争中には、政治的な動きもあったので、ヒトラーやスターリンなどから弾圧を受けたが、それにもかかわらず世界に広がっていった。平和になって、戦後しばらくは世界的に普及するかのような状況もあったが、アメリカの国力が急激に強くなり、それにつれて英語もまた世界に広まってきた。ことに、一九九〇年代のコンピューターとインターネットの急速な普及で、今や英語が国際語としての地位を決定的なものにした。

エスペラントは次第に忘れられた存在になってきたが、現在でも世界にはエスペラントを話せる人は百万人いるとみられる。財団法人日本エスペラント学会は今も活動しており、二〇〇五年に会員数は一三四四人ということである。

もし、世界中の人々がエスペラントを学び、世界で誰でも使うようになったら、英語を学習するよりどれだけ簡単になるか分からないし、世界の国々の平和共存のためにも役立ったのにと思うと残念な気がする。

終章　固有名詞はどこへ行く

人名・地名をもっと分かりやすく

かつて、こんな話を聞いたことがある。イギリス人と日本人の小学生に作文を書かせると、表現力では低学年はイギリス人より日本人のほうがうまく書ける。小学校二年ごろには、文章をほとんど仮名で書く日本人は、思ったことを何でも自由に書けるからである。イギリス人はそのころは英語のスペルがまだ自由に書けない。

ところが、日本人は漢字を多く習いだすと、だんだんうまく書けなくなり、小学校六年になると、日本人のほうがイギリス人より表現力がだいぶ劣るということである。漢字を使う日本人は漢字を覚えるのに多くの時間を費やすし、漢字を知らないと文章がうまく書けなくなる。これは漢字全体の話であるが、中でも、固有名詞は漢字の難しさを一層助長させている。

目まぐるしく社会状況が変わり、世界も狭くなり、科学も日進月歩の時代である。われわれは次々と新しい知識を取り込まなければならない。人の一生で自由に使える時間には限りがある。その中で、固有名詞、特に人名・地名に多くの貴重な時間を割くことが、個人の人生においてそれほど大切であろうか。その本人やその土地を知らない一般の人たちが、何ゆえそれほどまでに、人名・地名の字形や読みに煩わされなければならないのだろうか。

固有名詞は人々に余計な負担を強いている。その時間を他の学習に振り向けることができれば、その時間はどれほど有意義に使えることだろう。われわれは、支障のない場合は難しい漢字を避けて読み書きのしやすい漢字や仮名を使おう。

固有名詞の簡素化は、そう簡単にできるわけではない。これには強い反対があることは間違いない。固有名詞の漢字にこだわるのは年配の人に多く、全体的には若い人ほどこだわりが少なくなっている。従って、数十年の期間をかけて段階的に変えていかなければならないと思う。

簡素化はいろんな分野から多くの意見を聞いて進めなければならないが、待っているだけでは何も変わらない。ここでは、私なりの考えをいくつかあげたい。あくまで、これは簡素化をするための叩《たた》き台であるから、この案にこだわることはない。その目的が達せられるのであれば、みんなでいい案を考えていこう。

▽ 名付けの読みは、常用漢字音訓表にある読みと、これまで常用漢字を使って名付けによく使われた読みを加えて、「常用漢字名付け用音訓表」を新たに作成する。名付けの

読みはこれ以外には使用しない。人名用漢字については新たに音訓表を作る。

現在は名付けの読みは自由なので、漢字の音訓とは関係ないような読みを付ける人がいる。これが名付けで一番問題だ。このように、その漢字からは全く読めない二つの名前を防ぐ。

▽人名用漢字はもうこれ以上増やさない。今あるだけでも、一般の人が使う漢字の二千字をはるかに超えている。世の中の状況が変わって増やさなければならない場合は、さほど人名に使われていない字を、増やす字と同数減らし、総数は変えない。

▽名付けにあたって、字体は常用漢字表にある新字体だけにし、旧字体や俗字などの異体字は使用しない。特に数限りなくある異体字は誰も使いこなせないためにさまざまな支障が起こっている。旧字体とそれ以外の異体字を一気にやめることができなければ、俗字だけを先に廃止する。

▽合併して新しくできる市町村名も人名と同様にする。

▽北海道のアイヌ語に由来する地名などは、地元の了解が得られれば、できるだけ仮名書きにする。特に万葉仮名的読みの地名は、元々その漢字に意味はないので仮名書きにしたい。
北海道の地名を仮名書きにするとしたら、平仮名で書くか片仮名で書くかの問題がある。平仮名にすれば、文章の中で平仮名が多くなりすぎ、読む時にどこからが地名なの

か判別しにくいし、読むのに時間がかかる。場合によっては地名との区切りが分からず、内容を誤って理解する場合だってありえる。現在、片仮名は主に音を伝えることに使われているので片仮名がいいと思う。

この中から、一つずつでも実行するほうに向かって進んでほしい。これが実施されたら、それ以降に生まれる人や地名は読みやすい名前になっているわけだから、何十年かたてば必然的に難読の名前の人はほとんどいなくなる。地名も読みやすくなる。歴史上の人物や小説などに出てくる名前などをどう表記するかは、また別の問題として検討して決めればいい。

動植物名と片仮名書き

現在、常用漢字表に入っている動植物の名前は、犬、猫、馬、牛や松、豆、米、麦など、日常ひんぱんに使われるものに限られている。常用漢字にないのは、通常仮名書きをしている。一九四六（昭和二十一）年十一月、当用漢字表が内閣から告示された時、その「使用上の注意事項」に「動植物の名称はかな書きにする」となっているからであろう。従って、漢字一文字の動植物だけでなく、二文字以上のものも、たとえ常用漢字の範囲内でも仮名書きとなった。

学校教育の現場、毎日の新聞やテレビ、大方の植物に関する本は片仮名書きである。平仮名でなく片仮名にしているのは、片仮名は音を表すという意味合いが強いからだろう。慣れてくると、このために不便を感じるどころか、合理的で非常に便利である。自分で文章を書く時も、片仮名だと素早く書ける。

●例えば身近な動物名は

鼠はネズミ、鳶はトビ、犀はサイ、梟はフクロウ、蝗はイナゴ、土竜はモグラ、栗鼠はリス、蜘蛛はクモ、蜻蛉はトンボ、蟹はカニ、蝸牛はカタツムリ、河豚はフグ、海豚はイルカ、鰻はウナギ、烏賊はイカなど

●植物の例としては

筍はタケノコ、柚はユズ、茸はキノコ、棗はナツメ、李はスモモ、槿はムクゲ、石榴はザクロ、胡桃はクルミ、土筆はツクシ、蒲公英はタンポポ、紫陽花はアジサイ、合歓はネム、馬酔木はアセビ、独活はウド、無花果はイチジク、万年青はオモトなど

漢字の動植物名にはそれなりの意味を持つのもあり、すべて仮名であればいいというのではない。小説などでは漢字のほうが味わいを出せるということもあろう、今でも、漢字で書いてあるのが多い。従って、年配の人や小説とか古い時代の文学などをよく読む人は、これらの動植物名は大概読めると思う。しかし、書くとなるとちょっと困る。

この「仮名」という字を書く時、現在は「仮名」と漢字で書くのが一般的である。戦後は

当初、平仮名で「かな」と書くのが普通だった。一九四六（昭和二十一）年、内閣告示として「現代かなづかい」が出されたが、これが平仮名で「かなづかい」となっていたからであろう。

一九八六（昭和六十一）年、これが廃止されて、新しい「現代仮名遣い」が出されたが、それには漢字で「仮名遣い」と書かれていた。マスメディアでも、以前は平仮名で「かな」と書いていたが、今は漢字の「仮名」を使っている。「仮名」と漢字になったのは、おそらく、これがきっかけであろう。片仮名と平仮名は日本で作った文字である。何もその仮名という字まで漢字にする必要があるだろうか。著名人の書き方には以前から漢字の「仮名」が一番多いが、「平仮名」・「平がな」・「ひらがな」、「片仮名」・「片カナ」・「カタカナ」といろいろある。本書では、現在、マスメディアで使用している「平仮名」、「片仮名」で統一した。

もうかなり前のことになるが、日本の神話の本を読んだことがある。内容は全国各地の神話を読み物風に解説したものであり、神話の里を訪れる時の参考になった。この本でちょっと変わっていたのは、神話に登場する人物の名前や地名が、すべて片仮名書きだったことである。「記紀」に出てくる国土生成の夫婦神「伊弉諾・伊弉冉尊」は「イザナギ・イザナミ神」と書かれていた。そして、巻末に漢字名と片仮名名との対照表が添えてあった（荻原浅男著『日本神話の旅』）。

神話の名前はほとんどが当て字か万葉仮名的な使い方なので、片仮名のほうが読みやすいし、それで十分に分かる。神話上の人物名が漢字で書かれていれば読めなくても、仮名で書けばその点便利だと思った。今の時代、一般の人はこれで困ることはない。

漢字制限反対論者の理由

漢字全般のことではあるが、多くの漢字制限反対論者の意見をまとめてみると、大体、次のようになる。

- 自由に表現したいのに、漢字を制限するとそれが抑えられる。
- 漢字は日本の文化や歴史に根ざしたものであり、合理的ということだけで制限すべきではない。
- 漢字制限のために、熟語を仮名で書いたり漢字と平仮名の交ぜ書きは、非常に読みにくい。
- 漢字制限論はやがて漢字撤廃論へと発展し、日本語すべてを仮名書きにする。
- 仮名書きになれば、その後は仮名を廃止しローマ字の採用へとつながっていく。
- 漢字は表意文字であるから、漢字そのものに意味が込められている。漢字制限はすべきではない。むしろ、今ある制限を撤廃して、漢字は自由に使わせるべきである。

反対論者は制限そのものに反対しているのであるから、この反対論の前に「固有名詞の」

と付け加えても同じ意見のはずである。この反対論はちょっと極端なような気もするが、その立場の人からすると、そう感じるのであろう。

日本語から漢字を廃止することができないのは当然である。漢字は複雑ではあるが、一面、表意文字の便利さと豊かな表現力を持っており、日本語は漢字を離れてはありえない。私がここで主張したいのは、難しい日本語を一層難しくしている固有名詞、それもこれから命名する人名や地名だけでも簡素化しようというものである。

ある国語学者は「言葉の問題を考えるのに最も危険なのは、軽率な言葉いじりである。言葉の専門家のような顔をして、その専門家意識が、かえって、問題の本質をとらえそこねる」とも言っている。日本語にどっぷりつかった学者や専門家の立場から日本語を考えるならば、そういう見方になるのは当然であろう。しかし、日本語は現在、日本人の誰もが日常使っている言葉であり、これからも使っていかなければならないものである。日本語は専門家のためだけの言葉ではない。日本語を使う上で専門家では分からない苦労を、専門外の者はそれぞれに実感している。学者の意見は大事であるが、それにもまして市民の意見にも十分耳を傾けてほしい。

言葉は生き物

言葉は生き物である。時代とともに変化していく。世の中が変われば言葉も変わっていくのは自然のなりゆきであり、中でも話し言葉の変化は著しい。最初は単なる流行語であって、泡沫のように消えていくのが多い。そのほんの一部が日本語として定着していく。それを繰り返していくうちに、長い間には大きく変化する。書き言葉は人為的に作ったものであるから、人が変えない限り変わらない。そのまま変えなければ、かつてのように、話すのは口語体、書くのは文語体というような隔たりが出てくる。書き言葉を時代に即して変えていくのは、ちっとも不都合ではない。

言葉には文法があるが、文法が先にあって後で言葉ができたのではない。言葉が先で、それを語、句、文などの形態について、一定の法則に従って整理したのが文法である。人為的に作った書き言葉は、誰でも使えるようにしてこそ意味がある。その目的が達せられるのであれば、できるだけ簡潔であるに越したことはない。

明治初期の人々の話し言葉は、当時、書かれた会話文の部分から見ると、現在とほとんど変わっていない。ところが、文章は奈良時代以降文語体で書くものとされてきた。明治時代中期に言文一致運動が起こり、西暦一〇〇〇年前後（明治三十年代）、話し言葉に近い文章の作品が試みられ、その後口語体が普及した。文語体で書くのは千年以上にわたったが、口語体で書くようになってからは、わずか百年余りしか経っていない。

二葉亭四迷らが当時、現在の口語体に近い言文一致で作品を書くということは、それまでの慣習を破る大英断であった。それでも、文学の普及のためには、口語体にしなければならないという強い意志があったからの試みであった。それからわずか百年余りで、今や文章を文語体で書こうとする人はいなくなった。書き言葉はその後も改革を重ね、今日のような誰にでも読み書きできる文体になった。

歴史に「もしも」はないけれども、日本が書き言葉の改革をしないで、現在でもそのまま文語体で書き続けているとしたら、先進国としての社会は現在とは違った形になっていたかもしれない。

話し言葉が変わっていくのは、特に若い人たちが、自分たちは古い時代からのものにはとらわれず、何か新しいものを生み出そうということから、自然発生的に出てくるエネルギーと考えられる。話し言葉は「新しい世代」がリードして変化していくのに対して、書き言葉はいわば「古い世代」が中心になって、言語に詳しい人たちが人為的に変革させている。

仮名遣いにしても漢字数の制限にしても、戦前からいろいろと議論されてきたが、一向に変わらなかった。敗戦となりGHQからの外圧によって、日本語の書き言葉にも思い切った変革が起こった。仮名遣いひとつをとっても、いま振り返って旧仮名遣いのままがよかったと言う人はまずいない。それだけみんなが便利になったのだから。

私が小学校三年生の時、新「かなづかい」が出された。それまでは「ちょうちょ」は「てふてふ」、「おどり」は「をどり」、「いど」（井戸）は「ゐど」、「え」（絵）は「ゑ」などと書いた。さらに、「…しましょう」は「…しませう」、「…だろう」は「…だらう」と書かなければならなかった。そして、先生から「これからは話すように書けばいいことになりました」と言われ、今度から思ったことを伸び伸びと書けるので、ああ良かったと思ったことを覚えている。小学校低学年にとっては、旧仮名遣いを覚えるのは、まるで外国人が日本語を覚えるように一つひとつ学習していく以外に方法はなかった。従って、仮名遣いを覚えるころは、国語の勉強が大変だった。

ある日、先生から作文の宿題が出されたので、仮名遣いのために母にいちいち目を通してもらう必要もなく提出した。返ってきたのには意外にも朱《しゅ》がいっぱい入っている。助詞「は」を「わ」と書いていたからである。私は先生にそれを持って行って、「先生は、話すように書けばいいと言われたではないですか。どこが間違っているんですか」と聞いたら、「こういう場合の『わ』は『は』と書くんです」と言われ、さっぱり分からなかった。この学年では、まだ文法は知らないし、先生もそうしか説明のしようがなかっただろう。

文章を作る場合、漢字が多ければ硬い文章になりがちで、大衆相手のものであれば読者が疲れを感じたり、理解できなかったりする。そうなればせっかく書いた意味がない。専門書などはどうしても硬い文章になっているが、それは読む対象者が、その専門的なことに詳しくて十分に理解できる人たちだから問題ではない。

世界の言語はほとんど表音文字である。例えば、ローマ字を使用するアメリカで日本人の名前を書き表せば、どんな漢字を使っていても、また、その漢字が意味をもっていても全く関係なく音だけで一種類に書かれる。ここでは、私の名前はこのような意味を持つ漢字であるから、それを含んだ訳にしてほしいと言っても、意味をなさない。日本で仮名書きするのと変わらない。

耳から名前を聞く場合も同様に、知っている人でない限り、その名前が意味する漢字は分からない。そこは割り切って分かりやすい人名・地名を書くほうへ向かって、簡素化を推し進めたらどうだろう。

国語学者の金田一春彦はその著『日本語』の最後（二二三・二二四ページ）を次のような文章で結んでいる。非常に印象深い言葉である。

「日本語について一番弱点だといわれる点は、日本語は複雑にすぎるという事である。この批評は、文字の面という場合、ことに正当である。が、これはいたずらに歎いてもはじまらない。混乱しているということは、そこによいものと悪いものとが共存しているることである。われわれは、この中からよいものを選びだすことができるはずである。とすれば、この混乱は、日本語の今後の進展を暗示しているものと解することができる。われわれにこの際要求されていることは、この混乱のうちから、真にとるべきものを選び出す曇りのない叡智である。

言語は、一面には自然的なものだが、一面においては人間が作るものである。体系的の典型とされるドイツ語も、数代にわたるドイツ人の加工の産物である。日本語の将来に関して、現代に住むわれわれは、大きな責任を感ぜざるをえない」

この文章はもちろん、人名・地名を分かりやすくしようなどとは言っていない。しかし、どこか心打たれるものがある。

今なぜ簡素化か

固有名詞の複雑さについて、これまで述べてきたことを整理して、人名、地名の簡素化の必要性を重ねて訴えたい。

日本と朝鮮半島は漢字の誕生国・中国に近く、今も語彙の多くが漢字からなるが、その漢字を自国語にどう取り入れてきたかは、大きく異なっている。日本では漢字をいかにして日本語として使いやすくするかに腐心し、和語さえも漢字をあてて訓読みを作った。漢字はまるで日本語のための書き言葉であるかのように消化された。

だが、明治の文明開化後では、漢字を使う日本語の難しさが認識されるようになった。これも国力が充実してくると、そんな意見は振り向かれなくなった。第二次世界大戦に敗れると状況は一変し、また、漢字の複雑さが強く指摘されるようになった。そして、当用漢字が制定されるなど一連の漢字制限が実施されたが、その後、徐々に制限が緩和されてきている。

人名用漢字はたびたび追加され、名付けでの人名用漢字や常用漢字の読みは自由である上、旧字体や異体字まで使われている。

他人に読めなくても書けなくても、個性的な名前にしたいからと、難しい漢字を使用する。その上、とても読めない読みを付けるなど、まるで漢字遊びのような感覚で命名する人さえいる。当人はいいかもしれないが、それを書かされ読まされるほうはたまらない。それを国も認めているのだから不可解だ。

話し言葉や書き言葉は人間が社会を形成し、そこで意思を通じ合えるためのものであり、社会的な共有財である。書き言葉は共有の文字を使って、人類が蓄積した遺産を将来へ伝えることができる。簡単には読めなくて書けないような名付けをするのであれば、社会に認知させるために付けた名前なのに、社会性が乏しくなってしまう。本人は他人から違った名前で呼ばれる時、その都度、嫌な思いをしたり傷ついたりしないだろうか。

利便性のために使用している漢字が、かえって、日本語を熱心に学ぼうという人たちの気力を阻害している面がある。小さい時から外国で育った帰国子女などは、外国の表音文字の便利さが身に付いているので、母国語でありながら、漢字のある日本語の学習がなかなか進まないという。

世界は狭くなった。日本もこれからは世界の一員であるということを、ますます強く意識しなければならない時代になってきた。政治も経済も文化も、そういう方向に進んでいる。

今や企業は日本国内だけを相手にするのではなく、世界市場を視野に競争を展開している。少子化の現在では、日本企業は世界中から人材を活用して発展を図らなければ、日本の将来は開けない。

世界の中の日本語へ

日本語の書き言葉は、漢字と仮名をうまく使って表現する、すぐれた表記法であることには違いない。漢字自体は日本文化を育み、日本語の基盤を支えることになった。日本語の語彙に漢字は欠かせない。これからも漢字を大切にしていきたいという気持ちは変わらない。

一五四三年、ポルトガル人が種子島に漂着した。島人が彼らとどうやって意思を通じさせたかといえば、ポルトガル船に乗っていた中国の船員と筆談をしたのである。また、鎖国の江戸時代、一六〇七年から二百年余にわたって、朝鮮から五百人にも及ぶ通信使が十二回来日した。九州から江戸に上る朝鮮通信使が、各地で日本の知識人と交流し、日本は大陸の先進文化を吸収したが、彼らとも細かいことはすべて筆談であった。

かつて、漢字は言葉の通じない東洋人同士が意思を伝え合うのに、非常に有効な手段であった。しかし、今や、英語が世界共通語になってしまった。漢字は昔ほど重要ではなくなった。目まぐるしく進歩し変化する情報化時代、世界に伍していくためには、文章を書くにあたって多くの労力と時間を必要とせず、効率よく書けるかどうかが重要なポイントになる。

日本語も日本人だけの言語ではなくなった。世界の中で位置付けできる新しい時代の言語という観点から、漢字を考えることも大切である。これからますます国際化されていく世界で、日本だけがどうして、それほどまでに漢字の数に固執する必要があるだろうか。日本人は特に人名にこだわり、日本語を複雑にしている。このまま人名・地名の漢字が多くの旧字体や俗字を抱え、それが今後とも増えていき、難しい読み書きが続くのであれば、情報化時代の現在、情報処理のためにも負担が大きい。

結局、将来の世界の言語から取り残されることにならないだろうか。大国になった日本は、日本と日本文化を広く世界に伝えるためにも、日本語をできるだけ分かりやすく、世界の人々にとっても学びやすい言葉にすることが肝要である。このままでは日本の文化や経済の発展をも阻害することになろう。固有名詞の混乱が日本語を縛り、日本語の難しさを助長している。

海外で活動する日本人が毎年増えている。また、国内でも英語をはじめ外国語が広く普及してきた。近い将来、日本でもバイリンガルになる人が多くなろう。今や、狭隘な島国根性から他人には読めず書けないような、複雑な固有名詞の読み書きにこだわる時代ではなかろう。日本語の遠い将来のことも見据えて、固有名詞だけでも早く簡素化すべきである。

【付録】二〇〇九年現在、人名に使用できる漢字

■人名用漢字表（二〇〇九年現在、七七六字）

＊常用漢字以外の字種。常用漢字の異体字は後出。

丑丞串乃之乎也云亘－亙
些亦亥亨亮仔伊伎伍伽
佃佑伶侃侑俄侠俣俐侶
倭俺倶倦倖偲僅傭儲允
兎兜其冥冴冶凄凌凜－凛
凧凪凰凱函剌劉劫勁勃
勾匂勿匡廿卜卯卿厨廐
叉叡叢叶只吾呑吻呂哉
哨啄唄哩喬喧喰喋嘩嘉
嘗噌噂圃圭坐尭－堯坦埼
埴堆堰堺堵塙塞塡壕壬
夷奄奈奎套妖娃姪姥娩
媛嬉孟宏宋宛宕宥寅寓
寵尖尤屑岡峨峻崖崚嵐
嵯嵩嶺巌－巖已巳巴巷巽

巾帖幌幡庄庇庚庵廟廻
弘弛弥－彌彗彦彪彬徠忽
怜恢恰恕悌惟惚悉惇惹
惺惣慧憧憐戊或戚戟戴
托按挪拭挨拳捉挺挽掬
捲捷捺捻捧掠揃摑摺撒
撰撞播撫擢孜敦斑斐斡
斧斯於旦旭旺昂昊昏昌
昧昴晏晃－晄晒晋晟晦晨
智暉暢曖曙曝曳曽－曾朋
朔杏杖杜李杭杵枕杷枇
柑柴柵柿柘柊栃柏柾柚
桧－檜栞桔桂桁栖桐栗梧
梗梓梢梛梯桶梶椛梨梁
椅棲椎椋椀楯楚楕椿楠

楓椰楢楊榎樺榊榛槇槇
槍槌樫槻樟樋橋樽橙檎
檀櫂櫛櫓欣欽歎此殆毅
毘毬汀汝汐汎汲沙汰沌
沓沫洸洲洵洛浩浬淵淳
渚渚淀淋渥湘湊湛湧溢
滉溜漱漕漣澪濡瀕灘灸
灼烏焔焚煌煎煤煉熙熊
燕燎燦燭燿爪爽爾牒牙
牟牡牽犀狼猪猪獅玖玩
珂珈珊珀玲琢琢琉瑛琥
琶琵琳瑚瑞瑶瑳瑠璃瓜
瓢瓦甥甫畏畠畢畿疋疏
痩皐皓眉眸睦瞳瞥瞭矩
砦砥砧硯碓碗碩碧磐磯
祇祢禰祐祐祷禱禄祿禎
禎禽禾秦秤稀稔稟稜稽
穣穰穹穿窄窟窪窺竣竪
竺竿笈笹笙笠筈筑箕箔
箸篇篠簞簾籾粥粟糊紘

紗紐絃紬絆絢綺綜綴緋
綾綸縞徽繫繡纂纏羚羨
翔翠耀而耶耽聡肇肋肘
肴胤胡脇脩腔腎膏膳臆
臥臼舜舷舵艶芥芹芯芭
芙芦苑茄苔苺茅茉茨茸
茜莞荻莫莉菅菫菖萄菩
萌萠萊菱葦葛葵萱葺萩
董葡蓋蓑蒔蒐蒼蒲蒙蓉
蓮蔭蔣蔦蓬蔓蕎蕨蕉蕃
蕪薇薙蕾蕗藁薩藤藍蘇
蘭虎虹蜂蜜蝦蝶螺蟬蟹
蠟衿袖袈袴裡裾裟裳襖
訊訣註詣詢詮詫誼諏諄
誰諒謂諺諦謎讃豹貌貫
貼賑赳跨蹄蹟蹴輔輯輿
轟辰辻迂迄辿迪迦這逞
逗逢遥遙遁遡遜遼邑那
祁郁鄭酉酎醇醐醒醍醬
采釉釘釜釧鋒鋸錦錐錆

錫鍋鍵鍬鎧鎌閃閏閤闇
阜阪阿陀隈隙隼雀雁雛
雫霞靖鞄鞍鞘鞠鞭韓頁
頃須頌頓頗頬顛颯餅饗
馨馴馳駕駒駿驍魁魯鮎
鯉鯛鰯鱒鱗鳩鳶鳳鴨鴻
鵜鵬鶴鴎鷲鷺鷹鹿麒麓
麟麿黎黛鼎亀

注　「－」は、相互の漢字が同一の字種であることを示したものである。

（法務省ホームページより）

■常用漢字表（二〇〇九年現在、一九四五字）

亜哀愛悪握圧扱安暗案以位依偉囲委威尉意慰易為異移維緯胃衣
違遺医井域育一壱逸稲芋印員因姻引飲院陰隠韻右宇羽雨渦浦運
雲営影映栄永泳英衛詠鋭液疫益駅悦謁越閲円園宴延援沿演炎煙
猿縁遠鉛塩汚凹央奥往応押横欧殴王翁黄沖億屋憶乙卸恩温穏音
下化仮何価佳加可夏嫁家寡科暇果架歌河火禍稼箇花荷華菓課貨
過蚊我画芽賀雅餓介会解回塊壊快怪悔懐戒拐改械海灰界皆絵開
階貝劾外害慨概涯街該垣嚇各拡格核殻獲確穫覚角較郭閣隔革学
岳楽額掛潟割喝括活渇滑褐轄且株刈乾冠寒刊勘勧巻喚堪完官寛
干幹患感慣憾換敢棺款歓汗漢環甘監看管簡緩缶肝艦観貫還鑑間
閑関陥館丸含岸眼岩頑顔願企危喜器基奇寄岐希幾忌揮机旗既期
棋棄機帰気汽祈季紀規記貴起軌輝飢騎鬼偽儀宜戯技擬欺犠疑義
議菊吉喫詰却客脚虐逆丘久休及吸宮弓急救朽求泣球究窮級糾給
旧牛去居巨拒拠挙虚許距漁魚享京供競共凶協叫境峡強恐恭挟教

橋況狂狭矯胸脅興郷鏡響驚仰凝暁業局曲極玉勤均斤琴禁筋緊菌
襟謹近金吟銀九句区苦駆具愚虞空偶遇隅屈掘靴繰桑勲君薫訓群
軍郡係傾刑兄啓型契形径恵慶憩掲携敬景渓系経継茎蛍計警軽鶏
芸迎鯨劇撃激傑欠決潔穴結血月件倹健兼券剣圏堅嫌建憲懸検権
犬献研絹県肩見謙賢軒遣険顕験元原厳幻弦減源玄現言限個古呼
固孤己庫弧戸故枯湖誇雇顧鼓五互午呉娯後御悟碁語誤護交侯候
光公功効厚口向后坑好孔孝工巧幸広康恒慌抗拘控攻更校構江洪
港溝甲皇硬稿紅絞綱耕考肯航荒行衡講貢購郊酵鉱鋼降項香高剛
号合拷豪克刻告国穀酷黒獄腰骨込今困墾婚恨懇昆根混紺魂佐唆
左差査砂詐鎖座債催再最妻宰彩才採栽歳済災砕祭斎細菜裁載際
剤在材罪財坂咲崎作削搾昨策索錯桜冊刷察撮擦札殺雑皿三傘参
山惨散桟産算蚕賛酸暫残仕伺使刺司史嗣四士始姉姿子市師志思
指支施旨枝止死氏祉私糸紙紫肢脂至視詞詩試誌諮資賜雌飼歯事
似侍児字寺慈持時次滋治璽磁示耳自辞式識軸七執失室湿漆疾質
実芝舎写射捨赦斜煮社者謝車遮蛇邪借勺尺爵酌釈若寂弱主取守

手朱殊狩珠種趣酒首儒受寿授樹需囚収周宗就州修愁拾秀秋終習
臭舟衆襲週酬集醜住充十従柔汁渋獣縦重銃叔宿淑祝縮粛塾熟出
術述俊春瞬准循旬殉準潤盾純巡遵順処初所暑庶緒署書諸助叙女
序徐除傷償勝匠升召商唱奨宵将小少尚床彰承抄招掌昇昭晶松沼
消渉焼焦照症省硝礁祥称章笑粧紹肖衝訟証詔詳象賞鐘障上丈乗
冗剰城場壌嬢常情条浄状畳蒸譲醸錠嘱飾植殖織職色触食辱伸信
侵唇娠寝審心慎振新森浸深申真神紳臣薪親診身辛進針震人仁刃
尋甚尽迅陣酢図吹垂帥推水炊睡粋衰遂酔錘随髄崇数枢据杉澄寸
世瀬畝是制勢姓征性成政整星晴正清牲生盛精聖声製西誠誓請逝
青静斉税隻席惜斥昔析石積籍績責赤跡切拙接摂折設窃節説雪絶
舌仙先千占宣専川戦扇栓泉浅洗染潜旋線繊船薦践選遷銭銑鮮前
善漸然全禅繕塑措疎礎祖租粗素組訴阻僧創双倉喪壮奏層想捜掃
挿操早曹巣槽燥争相窓総草荘葬藻装走送遭霜騒像増憎臓蔵贈造
促側則即息束測足速俗属賊族続卒存孫尊損村他多太堕妥惰打駄
体対耐帯待怠態替泰滞胎袋貸退逮隊代台大第題滝卓宅択拓沢濯

託濁諾但達奪脱棚谷丹単嘆担探淡炭短端胆誕鍛団壇弾断暖段男
談値知地恥池痴稚置致遅築畜竹蓄逐秩窒茶嫡着中仲宙忠抽昼柱
注虫衷鋳駐著貯丁兆帳庁弔張彫徴懲挑朝潮町眺聴脹腸調超跳長
頂鳥勅直朕沈珍賃鎮陳津墜追痛通塚漬坪釣亭低停偵貞呈堤定帝
底庭廷弟抵提程締艇訂逓邸泥摘敵滴的笛適哲徹撤迭鉄典天展店
添転点伝殿田電吐塗徒斗渡登途都努度土奴怒倒党冬凍刀唐塔島
悼投搭東桃棟盗湯灯当痘等答筒糖統到討謄豆踏逃透陶頭騰闘働
動同堂導洞童胴道銅峠匿得徳特督篤毒独読凸突届屯豚曇鈍内縄
南軟難二尼弐肉日乳入如尿任妊忍認寧猫熱年念燃粘悩濃納能脳
農把覇波派破婆馬俳廃拝排敗杯背肺輩配倍培媒梅買売賠陪伯博
拍泊白舶薄迫漠爆縛麦箱肌畑八鉢発髪伐罰抜閥伴判半反帆搬板
版犯班畔繁般藩販範煩頒飯晩番盤蛮卑否妃彼悲扉批披比泌疲皮
碑秘罷肥被費避非飛備尾微美鼻匹必筆姫百俵標氷漂票表評描病
秒苗品浜貧賓頻敏瓶不付夫婦富布府怖扶敷普浮父符腐膚譜負賦
赴附侮武舞部封風伏副復幅服福腹複覆払沸仏物分噴墳憤奮粉紛

雰文聞丙併兵塀幣平弊柄並閉陛米壁癖別偏変片編辺返遍便勉弁
保舗捕歩補穂募墓慕暮母簿倣俸包報奉宝峰崩抱放方法泡砲縫胞
芳褒訪豊邦飽乏亡傍剖坊妨帽忘忙房暴望某棒冒紡肪膨謀貿防北
僕墨撲朴牧没堀奔本翻凡盆摩磨魔麻埋妹枚毎幕膜又抹末繭万慢
満漫味未魅岬密脈妙民眠務夢無矛霧婿娘名命明盟迷銘鳴滅免綿
面模茂妄毛猛盲網耗木黙目戻問紋門匁夜野矢厄役約薬訳躍柳愉
油癒諭輸唯優勇友幽悠憂有猶由裕誘遊郵雄融夕予余与誉預幼容
庸揚揺擁曜様洋溶用窯羊葉要謡踊陽養抑欲浴翌翼羅裸来頼雷絡
落酪乱卵欄濫覧利吏履理痢裏里離陸律率立略流留硫粒隆竜慮旅
虜了僚両寮料涼猟療糧良量陵領力緑倫厘林臨輪隣塁涙累類令例
冷励礼鈴隷零霊麗齢暦歴列劣烈裂廉恋練連錬炉路露労廊朗楼浪
漏老郎六録論和話賄惑枠湾腕

■常用漢字の異体字（二〇九字）

亞（亜）惡（悪）爲（為）逸（逸）榮（栄）
衞（衛）謁（謁）圓（円）緣（縁）薗（園）
應（応）櫻（桜）奧（奥）橫（横）溫（温）
價（価）禍（禍）悔（悔）海（海）壞（壊）
懷（懐）樂（楽）渴（渇）卷（巻）陷（陥）
寬（寛）漢（漢）氣（気）祈（祈）器（器）
僞（偽）戲（戯）虛（虚）峽（峡）狹（狭）
響（響）曉（暁）勤（勤）謹（謹）驅（駆）
勳（勲）薰（薫）惠（恵）揭（掲）鷄（鶏）
藝（芸）擊（撃）縣（県）儉（倹）劍（剣）
險（険）圈（圏）檢（検）顯（顕）驗（験）
嚴（厳）廣（広）恆（恒）黃（黄）國（国）
黑（黒）穀（穀）碎（砕）雜（雑）祉（祉）
視（視）兒（児）濕（湿）實（実）社（社）
者（者）煮（煮）壽（寿）收（収）臭（臭）
從（従）澁（渋）獸（獣）縱（縦）祝（祝）
暑（暑）署（署）緖（緒）諸（諸）敍（叙）
將（将）祥（祥）涉（渉）燒（焼）奬（奨）

條（条）狀（状）乘（乗）淨（浄）剩（剰）
疊（畳）孃（嬢）讓（譲）釀（醸）神（神）
眞（真）寢（寝）愼（慎）盡（尽）粹（粋）
醉（酔）穗（穂）瀨（瀬）齊（斉）靜（静）
攝（摂）節（節）專（専）戰（戦）纖（繊）
禪（禅）祖（祖）壯（壮）爭（争）莊（荘）
搜（捜）巢（巣）裝（装）僧（僧）層（層）
騷（騒）增（増）憎（憎）藏（蔵）贈（贈）
臟（臓）卽（即）帶（帯）滯（滞）瀧（滝）
單（単）嘆（嘆）團（団）彈（弾）晝（昼）
鑄（鋳）著（著）廳（庁）徵（徴）聽（聴）
懲（懲）鎭（鎮）轉（転）傳（伝）都（都）
嶋（島）燈（灯）盜（盗）稻（稲）德（徳）
突（突）難（難）拜（拝）盃（杯）賣（売）
卑（卑）祕（秘）碑（碑）賓（賓）敏（敏）
梅（梅）髮（髪）拔（抜）繁（繁）晚（晩）
冨（富）侮（侮）福（福）拂（払）佛（仏）
勉（勉）步（歩）峯（峰）墨（墨）飜（翻）

毎（毎）萬（万）默（黙）埜（野）藥（薬）
與（与）搖（揺）樣（様）謠（謡）來（来）
賴（頼）覽（覧）欄（欄）龍（竜）虜（虜）
凉（涼）綠（緑）淚（涙）壘（塁）類（類）
禮（礼）曆（暦）歷（歴）練（練）鍊（錬）
郞（郎）朗（朗）廊（廊）錄（録）

注　括弧内の漢字は、戸籍法施行規則第六十条第一号に規定する漢字であり、当該括弧外の漢字とのつながりを示すため、参考までに掲げたものである。

（法務省ホームページより）

■二〇一〇年に追加予定の常用漢字（一九六字）と削除予定の漢字（五字）

挨宛闇椅畏萎茨咽淫臼唄餌怨艶旺岡臆俺苛牙崖蓋骸柿顎葛釜鎌
瓦韓玩伎畿亀僅巾錦駒串窟熊稽詣隙桁拳鍵舷股虎乞勾喉梗頃痕
沙挫塞采阪埼柵拶斬鹿叱嫉腫呪蹴拭尻芯腎須裾凄醒戚脊煎羨腺
詮膳曽狙遡爽痩捉袖遜汰唾堆戴誰旦綻酎捗椎潰爪鶴諦溺填貼妬
賭藤憧瞳栃頓奈那謎鍋匂虹捻罵剥箸斑氾汎眉膝肘媛阜蔽蔑蜂貌
頬睦勃昧枕蜜冥麺餅冶弥湧妖沃嵐藍梨璃侶瞭瑠呂賂弄麓脇丼傲
刹哺喩嗅嘲毀彙恣惧慄憬拉摯曖楷鬱璧瘍箋籠緻羞訃諧貪踪辣錮

勺錘銑脹匁

■主な参考文献

倉石武四郎著『漢字の運命』岩波書店、一九五二年
さねとうけいしゅう著『日本語の純粋のために』淡路書房、一九五六年
金田一春彦著『日本語』岩波書店、一九五七年
荻原浅男著『日本神話の旅』人物往来社、一九六四年
藤堂明保著『漢字とその文化圏』光生館、一九七一年
岩淵悦太郎著『日本語を考える』講談社、一九七七年
井上ひさし著『私家版日本語文法』新潮社、一九八一年
真田信治著『標準語の成立事情』PHP研究所、一九八七年
フリーランス雑学ライターズ編著『あて字のおもしろ雑学』永岡書店、一九八八年
高島俊男著『漢字と日本人』文藝春秋、二〇〇一年
井上史雄著『日本語は生き残れるか』PHP研究所、二〇〇一年
樺島忠夫著『日本語探検』角川書店、二〇〇四年
円満字二郎著『人名用漢字の戦後史』岩波書店、二〇〇五年
芝原宏之著『日本の漢字』岩波書店、二〇〇六年
山口謡司著『日本語の奇跡』新潮社、二〇〇七年
鈴木孝夫著『日本語教のすすめ』新潮社、二〇〇九年
『文藝春秋』二〇〇三年三月号、文藝春秋
『しにか』一九九九年六月号、二〇〇一年六月号、二〇〇二年五月号、二〇〇三年四、五、七、九月号、二〇〇四年三月号、大修館書店
『言語』二〇〇四年八月号、二〇〇五年十月号、二〇〇六年八月号、大修館書店

おわりに

マンモスは約一万年前、地球上から姿を消した。その原因としてさまざまな説が提唱されてきた。隕石衝突による寒冷化説、ウイルスによる伝染病説、氷河期末期の気候変動説などである。今ではほとんど関心を持たれることはなくなったが、二十世紀前半には、古代生物学者によって定向進化説というのが唱えられ、広く流布された。

これは、生物は一つの方向へ進化が続くということから、マンモスは食料を奪い合うために、闘争の武器として牙が次第に大きくなった。あまりにも大きくなりすぎて、行動が制約されるようになり、大きな体を支えるための多量の食料がとれなくなった。それに、気候変動などの要因が重なって、絶滅したというものである。幼少のころ、この話を聞いた時には、「マンモスって何と馬鹿な動物だろう。もう少し知恵があれば、お互いに共存する方法を考えられただろうに」と、ちょっと滑稽にさえ思った。

今や、地球上では原水爆が使われるようになった。核保有国は地球上の人類を何回も殺戮できるほどの核兵器を持っていがみ合っている。万物の霊長である人類がマンモスの愚を再現するとは考えられないが、その可能性はゼロではない。日本人の英知は難しい構文の日本語の表記法をここまで育ててきた。日本語が、便利なはずの漢字、特に人名・地名が重荷となって、日本人のみならず外国人からも敬遠されてしまうことのないようにしたい。

これまで、固有名詞の人名・地名が読み書きともにいかに難しいかということを、私の経験をもとに述べてきた。マスメディアでの体験も多く書いたが、決して、マスメディア出身の人間だから、難しいと言っているのではない。一般の人々をも含む日本中、いや、日本語を学ぶ世界中の人々がそう思っている。文字に携わる一部の知識人が、日本語は難しいと認めながらも、漢字制限には反対している。

専門家でもない私が日本の一角から「人名・地名を簡素化しよう」と叫んでも、こんな意見は専門家には容れられないということは、当然分かっている。だが、日本語の遠い将来を危惧して、やむにやまれずペンを執ることにした。私と同じ考えを持つ人々も多くいるということを信じて疑わない。

固有名詞の漢字や読みに一定の制限を加えたからといって、文化や経済の発展が大きく阻害されるものではない。それは欧米先進国の書き言葉が表音文字であることや、漢字圏でも韓国がハングル書きにしていることからも分かる。旧仮名遣いから新仮名遣いになって、同じ日本語を書くのに、多くの人が便利になり、子供たちも自分の意思を伸び伸びと表現できるようになった。仮名がある日本は、何も漢字の本家中国と肩を並べるくらい漢字を増やすこともなかろう。

アメリカ発の「チェンジ」の波は、日本の政治をも変えようとしている。文字の世界でも旧来の考えにとらわれることなく、新しい発想で改革を実施したらどうだろうか。このようなことは、政治家が一気に決断して実行できるというものではない。何よりも世論の力の輪が必要である。

近い将来、私がまこうとしているこの火種が発火して燃え広がることを夢見ている。固有名詞が日本語を迷路に導くことのないよう、今こそ大英断をもって簡素化を実行する方向へ進んでほしい。後世このことが、あの時、よくぞ決断してくれたという歴史的に重要な転換点になると思う。

これまで私は数冊の著書を世に出したが、言葉に関するものは初めてである。この本も最初は出版するつもりはなく、ただ、自分の考えを書き留めようとして書いたに過ぎなかった。しかし、その後も人名用漢字の許容範囲がどんどん広がっていくのを見て、そう考えない人間もいるということを、何とか知ってほしいと思い、一冊の本にまとめることを思い立った。

二〇〇七年の時点でデータを集めて、一応、書き上げていたが、さまざまな都合で出版までには至らなかった。だが、最近の名付けの傾向として、漢字を英語などの外国語で読ませたり、その漢字から連想できるものの名称を名前にしたり、まるで二つの名前を持っているような名付けまではびこっているのを知った。文学の分野ではまだ分かるが、社会で万人が読み書きをしなければならない人名では、たとえ読みは自由といっても、ちょっと眉をひそめさせるものがある。

さらに二〇一〇年には、常用漢字の大幅な追加が予定されている。人名用漢字そのものをどうするかは検討中であるが、常用漢字に追加する漢字がそのまま命名に使用できる。その追加された漢字に、またいろいろの読みを付けるのであれば、固有名詞の混乱にますます拍車をかける。日本人の名付けは、今後一体どうなっていくのだろう。日本語に将来はあるのだろうか。このようなやむにやまれぬ気持から、この本を世に出そうと決心した。

このたびの出版にあたり、その後の資料を数カ所加えた。まだ少し古いデータのところもあるが、本書で主張したい内容には影響ないと思う。その点、なにぶんお許し願いたい。また、いろいろとご協力をいただいた多くの方々へお礼を申し述べたい。

二〇〇九年十二月

坂田卓雄

坂田卓雄（さかた・たくお） 1938年，佐賀県生まれ。61年，早稲田大学第一文学部卒業。同年，テレビ西日本入社，報道記者・デスク，番組ディレクター・プロデューサー，報道局主幹を務める。2001年，福岡女学院大学勤務・人文学部教授。2006年，退職。福岡市在住。

【主なドキュメンタリー番組作品】

『南方特別留学生の軌跡』（日本民間放送連盟 最優秀賞）

『はるかなるクワイ河――対緬鉄道はいまも』（地方の時代賞）

『祖国へ――スイスからの緊急暗号電』（文化庁芸術作品賞）

【主な著書】

『消し忘れの狂詩曲――チェーホフの「シベリア、サハリンの旅」を一〇〇年後にたどる』創樹社，1997年

『スイス発緊急暗号電――笠信太郎と男たちの終戦工作』西日本新聞社，1998年

言葉《ことば》を歩《ある》く

漢字《かんじ》・日本語《にほんご》・固有名詞《こゆうめいし》

■

2010年4月12日 第1刷発行

■

著者 坂田卓雄

発行者 西 俊明

発行所 有限会社海鳥社

〒810-0072 福岡市中央区長浜3丁目1番16号

電話 092(771)0132 FAX 092(771)2546

印刷・製本 有限会社九州コンピュータ印刷

ISBN978-4-87415-765-7

［定価は表紙カバーに表示］